현대에 도전하는 칸트

Kant als Herausforderung an die Gegenwart

현대에 도전하는 칸트

지은이/ 노르베르트 힌스케
옮긴이/ 이엽·김수배
펴낸이/ 강동권
펴낸곳/ (주)이학사

1판 1쇄 발행/ 2004년 3월 25일

등록/ 1996년 2월 2일 (등록번호 제03-948호)
주소/ 서울시 종로구 안국동 17-1 우110-240
전화/ 720-4572 · 팩스/ 720-4573

값/ 12,000원

한국어판 ⓒ 이학사, 2004, Printed in Seoul, Korea.
ISBN 89-87350-70-3 03165

KANT ALS HERAUSFORDERUNG AN DIE GEGENWART by Norbert Hinske
Copyright ⓒ Norbert Hinske 1980
Korean edtion is published by EHAK Publishing Co., Ltd.
Korean Translation Copyright ⓒ 2004 by EHAK Publishing Co., Ltd.
All rights reserved.
Korean edtion is published by arrangement with Norbert Hinske.

이 책의 한국어판 저작권은 지은이와 독점 계약한 (주)이학사가 가지고 있습니다.
저작권법에 의해 한국 내에서 보호를 받는 저작물이므로 무단 전재와 무단 복제를 금합니다.

Kant als Herausforderung an die Gegenwart
현대에 도전하는 칸트

노르베르트 힌스케 지음 _ 이엽 · 김수배 옮김

일러두기

1. 이 책은 Norbert Hinske, *Kant als Herausforderung an die Gegenwart*(Verlag Karl Alber, Freiburg/München, 1980)을 우리말로 옮긴 것이다.
2. 본문에 나오는 외국 인명, 지명 등은 현행 외래어 표기법을 따르는 것을 원칙으로 하였으나 표기 원칙이 정해지지 않은 것은 일반적으로 통용되고 있거나 굳어진 표현을 사용하였다.
3. 원서의 이탤릭체는 고딕체로 표기하였다.
4. 이 책에서 인용, 설명하거나 약어로 표기한 칸트의 저작은 책 뒤의 약어표와 원전 색인에 밝혀놓았다.

Im Gedenken an Jutta Hinske
고故 힌스케 부인을 기리며

"철학에 몰두하는 대부분의 젊은이들이 그러했던 것처럼 나 역시 칸트는 극복되었으며 역사가 되어버렸다는 속설 가운데에서 성장하였다. 그래서 칸트에 관한 이와 같은 평가가 적절하지 못하다는 생각을 하게 되었을 때에도, 그러한 나의 생각이 처음에는 동시대인들의 명성에 대한 신뢰로 인하여 억눌려졌다. 그러나 내가 칸트에 대한 부정적인 판단으로 이어지는 저 견해들을 가능한 한 깊이 이해하면 할수록 그것들에 대한 나의 의구심은 그만큼 더 확고해져만 갔다. 더욱이 모든 사람들이 그들의 출발점으로 삼고자 하는 칸트가, 그 근본과 본질에 있어서 철학계의 거물들이 가르치고 해석하는 바와는 다르게 이해될 수 있다는 사실이 내게는 믿을 수 없을 만큼 놀라운 일로 여겨졌다."

헤르만 코헨,
『칸트의 경험 이론』 중에서

한국어판을 내면서　11

서문　17

1. **시민적인 삶으로서의 칸트의 생애_**
   멋쟁이 선생님에서 골방학자로　25

2. **칸트와 계몽_**
   칸트의 총체적 오류의 불가능성에 관한 이론　41

   . 역사적 운동으로서의 계몽과 칸트의 이중적 관계　41

   .. 칸트의 보편적 인간 이성의 이념　46

   ... 칸트의 총체적 오류의 불가능성에 관한 이론　54

   .... 계몽주의 내에서의 칸트의 위치　75

3. **성숙함에 대한 간절한 소망_**
   계몽의 선도 이념의 기원과 몰락　79

   . 이념과 구호 – 옛 의미와 새로운 의미　79

   .. 법률 개념과 철학 개념으로서의 '성숙' 및 '미성숙'　82

   ... 성숙에 대한 내적인 위협과 외적인 위협　89

4. 실천의 근본 형식들_
   칸트 실천철학의 토대를 마련해준 예비적 숙고들   99

   칸트의 실천 개념이 지닌 복합성   99

   인간 행위의 상이한 성질을 나타내는 용어들: 기량, 수완, 지혜   102

   실천철학의 전체 모습과 인간학의 위치   111

   성질과 원리   118

   실천철학 전체 내에서 역사철학이 차지하는 위치   127

5. 윤리와 정치_
   정치적으로 행위하는 자가 자기 자신일 경우는 언제인가?   135

옮기고 나서   147

약어표   149

원전 색인   153

서평문 목록   163

찾아보기   165

한국어판을 내면서

한국어로 번역된 이 책은 20여 년 전에 출판된 것입니다. 이 책이 세상에 나오게 된 데에는 당시 칸트 연구에서의 두 가지 전환점이 특별히 기여했습니다. 그것은 바로 조르지오 토넬리Giorgio Tonelli의 칸트 해석과 학술원판 칸트 전집에 포함되어 있는 칸트 논리학 강의들입니다.

토넬리의 기본 생각 중 하나는, 칸트의 『순수이성비판』은 17, 18세기 논리학의 맥락에서 읽혀져야 한다는 것이었습니다. 토넬리는 이러한 생각을 1974년 마인츠에서 개최되었던 제4차 국제 칸트 학술회의에서 발표한 논문에서 간략하게 소개한 바 있습니다. 논문의 제목은 "근대 논리학의 전통 내에서의 칸트의 『순수이성비판』"[1]이

---

[1] "Kant's *Critique of Pure Reason* Within the Tradition of Modern Logic", in: *Akten des 4. Internationalen Kant-Kongresses Mainz. 6.-10. April 1974*, Teil 3, hrsg. von Gerhard Funke, Berlin u. New York 1975, pp. 186~191.

었습니다. 토넬리는 『순수이성비판』이 이러한 진동 위에 서 있으며 논리학이 이 책의 설계 내지는 기본 뼈대를 제공하고 있다고 합니다. "이런 견지에서 보면, 『순수이성비판』의 전반적인 구조는 더 이상 저자의 상당히 애매하고 자의적이며 개인적인 창작물이라고는 할 수 없으며, 논리학의 역사에서 등장하는 몇 가지 근본적인 전통에서 비롯된 의미심장한 결과물로 여겨진다."[2]

이 발표가 있기 몇 년 전에 학술원판 칸트 전집의 일환으로 『칸트의 강의Kant's Vorlesungen』 제1권이 출간되었습니다. 바로 칸트의 『논리학 강의Vorlesungen über Logik』였습니다. 이 강의 필기들이 단지 칸트 철학의 주변 문제들에만 관계된 것들은 결코 아니었습니다. 오히려 이것들은 칸트의 근본 신념들을 새롭게 조망해주는 것들이었습니다. 언뜻 보기에는 역설적이고 또한 우리의 습관화된 사고방식을 뒤흔들어놓는, 칸트의 "총체적 오류의 불가능성에 관한 이론"[3]이 특히 여기에 해당합니다. 어떤 의미에서는 계몽에 관한 칸트의 전반적인 이해가 정점에 이른 모습을 반영하고 있다고 할 수 있는 이러한 신념은, 칸트 생존 시 출판된 저서들에서는 몇몇 문장들에 암시만 되어 있을 뿐 상론되고 있지는 않습니다. 여기〔즉 저서들〕에서는 이 신념이 칸트 사고의 자명한 근본 전제로 간주되

---

[2] Ebd. p. 189. 또한 이 발표 이후에 나온 Elfriede Conrad, *Kants Logikvorlesungen als neuer Schlüssel zur Architektonik der Kritik der reinen Vernunft. Die Ausarbeitung der Gliederungsentwürfe in den Logikvorlesungen als Auseinandersetzung mit der Tradition*, Stuttgart-Bad Cannstatt 1994; María Jesús Vázquez Lobeiras, *Das Verhältnis von formaler und transzendentaler Logik in Kants philosophischer Entwicklung*, Frankfurt am Main, Berlin, Bern, New York, Paris, Wien 1998 참조.

[3] 이 책 pp. 41 ff. 참조.

고 있었던 것입니다. 이에 반해 강의 필기들에서는 이 신념이, 칸트가 늘 거듭 강조해서 언급하고 있는 중심 주제를 형성하고 있습니다.[4] 칸트에게 있어서 논리학은 말하자면 계몽의 근본 신념들을 전달해주는 전송 수단이기도 했던 것입니다.

이 책에는 또한 새로 알려진 전거[즉 강의 필기들]에 관한 신선한 감탄이 담겨 있습니다. 나는 이 여러 강의 필기들에 대한 분석, 교정, 성립 연대 추정 등의 작업이 불러일으키는 어려움을 나중에서야 점차 의식하게 되었습니다. 지금까지 [나의 책임하에] 출판되어 나온 『칸트 논리학 강의에 관한 색인Kant-Index zum Logikcorpus』에는 학술원판 칸트 전집의 사항 설명 내용을 여러 곳에서 교정하거나 수정한 부분들이 포함되어 있는데, 이것들은 그러한 문제들을 상세히 예시해줄 수 있을 것입니다. 『빈 논리학Wiener Logik에 대한 색인』에서만 우리는 학술원판 칸트 전집의 편집 오류 150군데를 바로잡았는데, 이것들 중 일부는 중대한 오류들입니다.[5] 이 책과

---

4) 이에 관한 새로운 자료로 Marina Savi, *Il concetto di senso comune in Kant*, Mailand 1998, pp. 57 f.와 Farah Dustar, *Vom Mikropluralismus zu einem makropluralistischen Politikmodel. Kants wertgebundener Liberalismus*, Berlin 2000, pp. 210 f. 참조.
5) Norbert Hinske, *Kant-Index*, Bd. 5: *Stellenindex und Konkordanz zur "Wiener Logik"*, Erstellt in Zusammenarbeit mit Heinrich P. Delfosse und Michael Oberhausen. Unter Mitwirkung von Hans-Werner Bartz, Christian Popp, Tina Strauch und Michael Trauth, Stuttgart-Bad Cannstatt 1999, pp. LVI~XCVI과 예시 자료 pp. C~CVII 참조. *Journal of the History of Philosophy* 38(2000), p. 284에 실린 포쪼 Riccardo Pozzo의 사려 깊은 서평 중 다음 내용 참조. "이와 동시에 이 색인은 1966년도 판[즉 학술원판 칸트 전집]의 오류 150군데 이상을 바로잡고 있다."

거의 20년 후에 출판된『계몽과 이성 비판의 사이에서: 칸트 논리학 강의 연구』Zwischen Aufklärung und Vernunftkritik. Studien zum Kantischen Logikcorpus』[6]는 매우 밀접한 관계를 맺고 있습니다.『계몽과 이성 비판의 사이에서: 칸트 논리학 강의 연구』는『빈 논리학에 대한 색인』이 발전되어 생겨난 것입니다. 순간적인 감각 대신 이제 인내심을 요하는 문헌학적 작업이 등장합니다. 이는 논리학 강의가 칸트 철학 전체를 이해하는 열쇠 역할을 담당한다는 확신에 따른 것입니다.

이 책의 두 번째 특징은 쾨니히스베르크Königsberg의 위대한 칸트 연구 전통을 잇고 있다는 점입니다. 라이케Rudolph Reicke, 아르놀트Emil Arnoldt, 쇤되르퍼Otto Schöndörffer, 코발레브스키Arnold Kowalewski, 슈타펜하겐Kurt Stavenhagen 등으로 대표되는 전통 말입니다. 칸트 생전에 출판된 저서들에 주로 의존했던 예나Jena나 마르부르크Marburg의 연구 방식을 잇고 있는 칸트학파들과 달리, 쾨니히스베르크의 칸트 연구 전통은 당연히 칸트와의 개인적인 교류 내지는 줄곧 생생하게 유지되어온 그에 관한 회상에 의해 큰 영향을 받았습니다. 이러한 칸트 연구 전통은 항상 쾨니히스베르크를 상징했던 특징 가운데 하나였습니다. 쾨니히스베르크는 유럽 문화의 중심지로서 1945년까지만 해도 단연 피렌체Firenze나 톨레도Toledo에 비교할 만한 지위를 누렸던 곳입니다.

그러나 이 위대하고 풍요로운 쾨니히스베르크의 칸트 연구 전통

---

[6] *Zwischen Aufklärung und Vernunftkritik. Studien zum Kantischen Logikcorpus*, Stuttgart-Bad Cannstatt 1998.

은 역사에서 사라져버렸습니다. 유럽 발트해 문화의 중심 도시 중 하나였던 쾨니히스베르크는 이제 더 이상 존재하지 않습니다. 그곳의 도로와 광장들은 퇴락했으며, 그곳의 풍부하고 귀한 장서藏書들과 문헌들은 흔적도 없이 사라져버렸습니다. 또한 700년간의 유럽 건축 역사를 반영하고 있던 성곽 역시 1965~1968년 폭파되었으니,[7] 야만의 역사가 얼마나 오래 지속되고 있는가를 환기시켜줄 만한 또 하나의 일화이자, 동시에 아주 많은 지식인들의 인지 능력이 선택적임을 교훈적으로 보여주는 한 사례라고 할 수 있을 것입니다. 오늘날 칸트보다는 플라톤이나 세네카의 생애에 관한 흔적들을 현지에서 구하는 것이 더 쉬울 것입니다. 그러나 바로 이 도시에서 생성된 칸트의 저작들은 이미 더 이상 한 개별 민족의 소유물이 아닌 지 오래입니다. 이 한국어판도 증명해주듯이 그것들은 인류 문명 전체의 소유물인 것입니다. 그것들은 예지계mundus intelligibilis에 자리하고 있기 때문입니다.

임 비젠그룬트에서 2004년 1월
노르베르트 힌스케

---

[7] Heinrich Lange, *Stationen der Geschichte des Königsberger Schlosses bis zu seiner Sprengung in den Jahren 1965 bis 1968.* In: *Burgen und Schlösser. Zeitschrift für Burgenforschung und Denkmalpflege* 3(2001), pp. 154~161 참조.

서문

 여기 수록된 글들은 본래 1974년 칸트 탄생 250주년 기념행사의 일환으로 집필된 것들이다. 그동안 내가 대학 업무를, 특히 2년간의 학장직을 수행하다 보니 출판이 계속 지연되어왔다. 그렇지만 이 글들이 지니는 현실감은 유감스럽게도 거의 줄어들지 않았다. 그동안 현실이 개선의 여지를 보여주지 않았기 때문이다.
 서로 독립적으로 쓰여진 이 글들이 지닌 최우선적이고 직접적인 목표는 칸트적 사고를 현재화하는 것이다. 즉 그것이 현대에 대해 가지는 의미를 적어도 몇몇 두드러진 문제 영역에서 가시화시키려는 시도라고 할 수 있다. 그러나 이처럼 칸트적 사고를 현실감 있는 것으로 만들려고 하는 것은 칸트를 현대를 위한 길잡이로 찬미하기 위해서가 아니다. 이 글들은 칸트를 현대의 학문 이론의 창시자나 근대 역사철학의 원조元祖나 큰 족적을 남긴 사람으로 서술하고 있지도 않다. 심지어 이 글들은 또한 현대의 많은 사람들이 칸트에게서 모든 사고 능력의 진수이자 영광으로 받아들이고 있는 '비판적 의식'의 근원을 발견하려고도 하지 않는다. 그렇다고 해서 그러한 칸트 해석이 가지는 일부 타당한 권리를 부정하고자 하려는 것도 아니다. 이 책의 글들이 주로 의도하는 것은 그러한 해석과는 오히려 반대 방향을 취한다. 이 글들은 현대의 의식 성향과 모순되는 칸트 철학의 사유 내용을 발굴해내려는 시도를 하고 있는 것이다. 이 글들은, 사유에서 엄정한 당파성을 취할 것을 요구하는 태도에 반대하고 칸트가 주창한 보편적 인간 이성의 이념과 이로부터 성장해 나온 비당파성에 대한 요구를 강조하며 모든 종류의 학파나 파당 형성에 대해 저항한 칸트의 투쟁을 부각시키고 있다. 이 글들은 역사철학과 도덕철학을 동일시하거나 뒤섞는 것, 또한 실용적인 것을 절대화시키는 것에 반대하면서 칸트와 마찬가지로 도덕적인 것의 우위를 강조한다. 이 글들은 '성숙'이라는 어휘처럼 〔그동안〕 잘못 사용되어 본래의 의미가 퇴색해버린 용어에 대해서는 이 용어를 통해 표현되고 있는 계몽의 이념과 정의의 본래 의미를 우리 눈앞에 보여줄 것이다. 어쨌든 여기에 수록된 글들은 우리를 불편하게 만들고 성가시게 하는 칸트를 시야 속으로 이끌어들이고자 한다. 현대에 대한 정당화로서가 아니라 도전으로서 이해될 수 있는 칸트를 말이다. 바로 이러한 칸트를 통해서 오늘날 칸트가 가지는 생명력을 읽어내고자 하는 것이다.

현대에 대한 수정안으로서 칸트 철학이 갖는 의미를 드러내고, 망각되어 구석에 처박힌 칸트 사상을 새로운 '효모'로서 실질적인 논의의 장 안으로 이끌어들이려는 시도가, 여기에 함께 묶어놓은 다섯 논문들의 스타일을 규정하고 있다. 그것은 또한 좁은 의미의 칸트 연구를 이론철학과 실천철학, 특히 정치철학의 몇몇 근본 문제들과 관련지어 진전시키려는 의도와도 결합되어 있다. 그와 동시에 이 책은 엄밀한 철학사적 탐구와 그 성과―이것이 현대에 와서 자취를 감추게 된 것은 한탄할 만한 일이다―를 적어도 몇몇 중대한 문제 영역들에 적용시켜보려는 시도이기도 하다. 이러한 시도는 문헌학적인 관심과 사실적인 관심에 제한될 것이다. 이와 관련해서 특히 두 번째 글과 네 번째 글은 칸트의 유고와 강의 필기들―학술원판 칸트 전집은 1966년부터 이 자료들의 완간을 추진하고 있다 〔1997년 『인간학 강의 필기』(Bd. 25)의 간행으로 일단락되었다〕―을 해석하고, 이것들을 깊이 있는 칸트 이해를 돕는 자료로 활용하고자 한다. 여기서 늘 반복해서 제기되고 있는 문제, 즉 이 두 유형의 자료들이 가질 수 있는 가치에 대한 물음과 관련해서 놀라운 결과가 드러나게 될 것이다. 두 번째 글이 다루는 칸트의 오류 이론에 관한 논의는 다음과 같은 사실을 분명하게 밝혀준다. "총체적 오류의 불가능성에 관한 칸트의 이론"은, 칸트 자신이 출판한 저서들, 즉 소위 인쇄물들에서는 단지 몇몇 문장들에 암시만 되어 있고, 그가 직접 기록한 유고들에서도 상론되었다기보다는 단지 한두 개의 짧은 단편들로 스케치되고 있는 반면, 강의 필기들에서는 같은 내용이 아주 넓은 공간을 차지하고 있다는 점이다. 두 번째 글에서는 이 이론을 이해하지 못할 경우 칸트와 계몽주의의 긴밀한 관계를 충분히 파악할 수 없다는 점을 지적하고자 한다. 이 이론에 담겨 있는 사상은 칸트의 이율배반론이나, 파이힝어Vaihinger 등이 강조한 바 있는 칸트의 "중재하려는 일관된 성향"[1]을 올바로 이해하는 데에도 매우 중요하다. 그러므로 강의 필기들을 연구하고 해석하는 것은,

그것이 아무리 수고스럽고 문제의 여지가 많은 작업이라 할지라도, 단순히 칸트 문헌학의 관심거리에 그치는 일이 아니다. 그것은 오히려, 개별적인 논의 안에서 전형적으로 드러나듯이, 중심적인 문제들에 있어서 칸트 철학과 그 안에서 논의되고 있는 실질적인 문제들을 적절히 이해하기 위한 불가결한 전제이다.

칸트의 실천철학의 기초를 다루는 네 번째 글의 주제의 경우 이와는 사정이 조금 다르다. 그 주제들 가운데 하나는, 가언 명법과 정언 명법 사이의 구분이 어떻게 단계별로 이루어져 마침내 칸트 도덕철학의 완결된 체계 내에서 중심 역할을 하게 되었는가 하는 물음이다. 이 글은, 피상적으로 보면 순전히 형식적이기 때문에 삶이나 실천과 동떨어진 이 이분법이 기량, 수완, 지혜 내지 도덕성이라는 아주 오래된 삼분법으로부터 나온 것(이 삼분법은 다시 실용적 인간학과 좁은 의미의 도덕철학의 경계를 구분하는 역할을 한다)이라는 사실을 보여줌으로써, 이 이분법을 그 본래 취지에서 이해할 수 있게 하려는 의도에서 쓴 것이다. 네 번째 글에서의 논의를 통해, 앞에서 말한 명법들의 구분의 배후에는 칸트 도덕철학의 시초에 등장하여 그 전개 과정을 계속해서 규정해온, 인간 행위의 근본 형식들에 관한 매우 근본적인 관심이 놓여 있다는 사실이 드러

---

1) Hans Vaihinger, *Kommentar zu Kants Kritik der reinen Vernunft*, 2 Bde., Stuttgart, Berlin, Leipzig ²1922(¹1881 und 1892)[Neudruck Aalen 1970], Bd. I, p. 58; Bd. II, p. 89. [여기서 파이힝어는 라이프니츠나 칸트 같은 독일 철학자들이 서로 대립하는 두 사상들—예컨대 플라톤과 아리스토텔레스, 고대와 근대, 스콜라 철학과 르네상스, 데카르트 및 뉴턴과 라이프니츠, 기계론과 목적론 등—을 조정 내지 매개하는 역할을 수행하는 데 탁월했다고 주장한다.]

난다. 따라서 이 글에서는 실제 내용에 관한 해석이 '발전사'적인 방법을 취하고 있다.[2] 이 점과 관련해서도 유고와 강의 필기들을 자세하게 고려하지 않고서는 칸트 사유의 진행 과정을 충분하게 이해할 수 없다는 사실이 드러난다. 그리고 이러한 사고 과정을 정확히 이해하지 않고서는, 궁극적으로 비판철학의 체계를 형성시킨 근본 동기들이 밝혀지지 않는다. 이 경우에도 파울젠Paulsen의 다음과 같은 문장이 타당하다. "참으로 진정한 문헌학은 불확실하고 어설픈 사고를 강요하는 데 익숙한 권위의 족쇄를 파괴한다."[3]

다섯 번째이자 마지막 글인 "윤리와 정치"는 "실천의 근본 형식들"에 관한 네 번째 글의 주제와 직접 관련되며, 그 주제를 내용적인 측면에서 더 발전시킨 것이다. 이 글은 칸트에 직접 의거하여 도덕적인 행위의 근원적인 의미, 말하자면 그러한 행위의 본래 의도를 드러내고자 한다. 이러한 작업은, 도덕적 행위를 다른 종류의 행위에 대립시킴으로써, 즉 사물에 대한 지식("기량")에 관한 기술적 고려와, 또 ("수완"의) 관철 가능성에 관한 실용적 고려에 의해 각각 도출되는 행위에 대립시킴으로써 그리고 그 구분 경계를 뚜렷하게 함으로써 수행된다. 이 글의 의도는, 칸트가 이해하고 있는 바와 같이 도덕적인 것의 독자성을 분명하게 만드는 데 있다. 그래서 도

---

[2] 발전사적인 시도와 결부된 일반적인 문제들에 대해서는 Norbert Hinske, *Kants Weg zur Transzendentalphilosophie, Der dreißigjährige Kant*, Stuttgart, Berlin, Köln, Mainz 1970, pp. 10 ff. 참조.

[3] Friedrich Paulsen, Rezension zu Benno Erdmann (Hrsg.), *Immanuel Kants Prolegomena...*, Leipzig 1878, In: Vierteljahrsschrift für wissenschaftliche Philosophie 2(1878), p. 497.

덕적인 것이 어떠한 임의의 목적들로부터도 도출되지는 않으나, 타자를 타자로서 존경하는 데에서 마치 자신만의 고유하고도 뒤바뀔 수 없는 '의도'와 같은 것을 가진다는 점을 드러내고자 한다. [어떠한 외부의 권위에도 의존하지 않고] 독자적인 방식으로 존립하고자 하는 도덕의 근본 동기는 모든 철학적 윤리학의 뿌리인데, 칸트는 이것이 타자를 인정하는 것과 불가피하게 결합되어 있다고 보았다.[4] 이 같은 인간 이해에 의해 비로소 칸트 도덕철학 전체가 기초하고 있는 특징적인 근본 의도가 가시화될 수 있다. 그리고 이러한 의도를 이해할 때, 자주 기이하게 여겨지는 도덕철학의 개별적인 표현들이 그 생생한 의미를 얻게 된다. 또 이러한 인간 이해에 의해 정치적인 것의 영역에서 도덕적인 것이 지니는 구체적인 의미를 비로소 이해할 수 있게 된다.

두 번째와 네 번째 글이 갖는 특징들은, 칸트와 계몽주의의 관계를 다시 한번 아주 색다른 시각에서 논의하고 있는 세 번째 글에도 해당된다. 이 글은 현대에 이르기까지 계속해서 영향을 미치고 있는 칸트 실천철학의 핵심 용어인 성숙 개념을 문제 삼고 있다. 칸트의 출판물에서는 이 개념이 유난히 늦게 등장하는데, 1784년에 『계몽이란 무엇인가』라는 물음에 대한 답변』에서 처음 사용된다. 이 글은 이미 거의 고전이 되다시피 한 간결한 정의로부터 시작된다. "계몽이란 인간이 스스로 책임져야 하는 미성숙 상태로부터 벗어나는 것

---

4) 칸트의 수고手稿 『미와 숭고의 감정에 관한 고찰에 대한 언급들』에 나오는 "우리는 사회적인 본성을 지니고 있으며, 타인들과 우리 자신에게 있어 순수한 정신에 의해 인정할 수 없는 것을 비난한다"(XX 156) 참조.

이다."(A 481) 유고와 강의 필기들에는 이 개념과 관련된 중요한 예비 작업들과 설명들이 포함되어 있다. 특히 칸트는 인간학 강의에서 이 개념을 거듭 반복해서 사용하였고 아주 다양한 측면에서 규명하였다. 『단편』들에서의 다양한 숙고들과 또 그것들에 상응하는 강의 내용을 고려해야만 비로소 칸트 자신에게서 이 개념이 사용되고 있는 맥락이 드러날 수 있으며, 이 개념이 자의적으로 오용되는 것을 막을 수 있다. 이러한 연관 관계를 무시하면 이 개념은 한갓 구호로 몰락하게 되며, 결국 누구나 임의대로 각자의 주장을 위해 사용할 수 있게 될 것이다. 그러므로 독자적인 사고를 요구하던 것이 오히려 그것의 부족함을 가리는 수단이 되고 말 것이고, 심지어 아마도 부분적으로는 인간을 미성숙 상태에서 의존성이라는 그물로 또다시 질식시키려는 시도를 은폐하는 수단이 될 것이다.

마지막으로 첫 번째 글에서 나는 "칸트의 생애"를 전형적인 방식의 "시민적인 삶으로서" 파악하려 시도하였다. 이 글은 『신 독일인 전기Neue Deutsche Biographie』에 수록될 칸트 항목을 집필하는 과정에서 발전해나온 것이다.[5] 그러나 이 글의 주제는 칸트의 생애에 관한 긍정적인 자료 내지 세부 전기를 기록하는 것이 아니며, 또 궁극적으로 칸트의 비판철학을 형성시킨 거대한 철학적 사고의 흐름을 추적하려는 것도 아니다. 이러한 부분에 관해서는 오히려 『신 독일인 전기』의 "칸트" 항목을 참고하는 것이 바람직하다. 여기 소개된 글은 이와는 다른 방향의 목표를 지향한다. 이 글은 이중의 목적을

---

[5] *Neue Deutsche Biographie*, hrsg. von der Historischen Kommission bei der Bayerischen Akademie der Wissenschaften, Bd. XI, Berlin 1977, pp. 110~125.

가지고 있다. 한편으로는 칸트의 전기를 다루는 가장 중요한 출판물들에 관하여 적어도 하나의 대략적인 조망을 제공하고, 이 분야의 칸트 문헌학적 연구가 걸어온 과정을 그리고자 한다. 다른 한편으로는 칸트의 내면적인 전기의 핵심 문제를 다루고 있는데, 이것을 배경으로 해야만 어찌되었든 그러한 연구가 걸어온 과정이 비로소 충분히 이해될 수 있는 것이다. 여기서 문제는, 1755년에서 1770년 사이에 쾨니히스베르크의 사교계를 주름잡았던 "멋쟁이 선생님" 칸트를 결국 "골방학자"로 만든 철저한 변화의 과정 또는 삶의 가치의 전도가 어떤 동기에서 비롯된 것인가 하는 것이다. 가까이 들여다보면 칸트의 생애 역시 현대에 대한 도전이었음을 증명해주고 있다. 즉 종국에 가서는 사유뿐만이 아니라 삶도 더 이상 그렇게 엄정하게는 취급하지 않는 현대에 대한 도전 말이다.

나는 인용문의 검토와 문장 교열 및 색인 만들기 작업 등에서 경제학과 철학을 전공한 클라우스 펠러Klaus Pähler 박사의 적극적인 도움을 받았다. 이 자리를 빌려 다시 한번 진심으로 감사드린다.

호엔존네에서 1980년 4월 22일
노르베르트 힌스케

시민적인 삶으로서의 칸트의 생애

멋쟁이 선생님에서 골방학자로

칸트의 철학은 너무나도 파괴적이었고 많은 결과를 초래했으며, 그의 사상 역시 근대 의식에 엄청난 영향력을 행사했지만, 그의 생애는 문학적인 소재 거리를 거의 제공해주지 않았다. 그래서 그의 전기 작가들은 남들이 부러워할 만한 입장에 있지 않았고 오히려 곤란을 겪었다. 칸트의 생애는 독자들의 자연스러운 관심을 이끌 수 있을 만한 사건을 포함하고 있지 않다. 칸트의 사생활에는 호기심을 자극할 만한 극적인 사건이나 분쟁, 스캔들이 없었던 것이다. 어떠한 여성도 그의 삶에 현저한 흔적을 남기지 않았으며 그를 혼란스럽게 만들지도 않았다. 그는 긴 여행을 한 일도 없었고, 정치 문제에 연루된 일도 없었다. 심지어 그는 18세기에 그렇게도 유행하던 어떠한 비공식적인 사교 모임에도 가입하지 않았다. 그의 삶의 스타일에도 눈에 띄는 점이라곤 거의 없다. 그는 평범한 옷차림에 범상한 몸가짐을 지녔고, 학자로서 세인의 관심을 조금이라도 자극할 수 있을 만한 종교적인 심취라든가 정치적인 광기 등과도 무관하였다. 그의 생애는 전형적인 독일 학자의 삶의 모습을 보여주고 있는 것이다. 그는 지금으로부터 약 250년[이 책은 1980년에 출판되었다] 전인 1724년 4월 22일 쾨니히스베르크의 한 소규모 수공업자의 아들로 태어나 그곳에서 죽 학교를 다녔고, 1740년 대학에 입학하여 1746년까지 대학을 다녔다. 그 이후 그는 거의 10년간 가정교사를 하면서 생계를 이어갔고 1755년에 오늘날의 대학 강사 자격이나 다름없는 학위magister legens를 취득한다. 1766년 쾨니히스베르크 왕립도서관의 부사서로 일하게 됨으로써 처음으로 고정 급여를 받는 직책을 얻었다. 1770년 46세가 되던 해 그는 논리학과 형이상학을 담당하는 정교수가 되었다. 그 이후 그는 시대를 움직인 위대한 저서들을 남기고 1804년 2월 12일 죽어, 같은 달 28일 대학 교회의 교수 묘지에 안장되었다. 이 모든 일들은 그의 고향인 쾨니히스베르크 시의 좁은 울타리 안에서 일어났으며, 그가 걸어온 이러한 평범한 삶의 각 시기마다 그 당시 그곳의 독특한 분위기가 스며들어 있다.

그러나 칸트의 전 생애에 걸친 이러한 평범성은 우연의 산물이 아니며, [그에게 별다른] 기회가 주어지지 않았기 때문에 가능했던 것도 아니다. 그것은 오히려 아주 의도된 평범성이었으며, 의식적으로 설계된 삶의 산물이었다. 그는 평생 세인의 주목을 피하려고 애썼기 때문이다. 세인의 이목을 통해 자신에게 주어질 수도 있었을 명예를 그는 반기지 않았다. 그는 본능적으로 또 통찰력을 통해 그러한 공적인 조명을 혐오하였다. 그는 자신의 사생활이 방해받지 않기를 원했으며, 소음으로 시달리는 것을 싫어했다. 프로이센의 교육부 장관 폰 체들리츠Karl Abraham Freiherr v. Zedlitz가 크리스티안

볼프Christian Wolff가 봉직했었던 할레Halle대학의 석좌 교수 자리를 그에게 제안했을 당시인 1778년 4월, 칸트가 애제자였던 마르쿠스 헤르쯔Markus Herz에게 보낸 편지에는 다음과 같은 내용이 담겨 있다. "당신도 아시다시피 큰 무대 위에서의 성공과 세인의 주목은 내게 거의 아무런 매력도 주지 못합니다. 평온하면서도 나의 욕구를 적절히 충족시켜주는 주변 상황, 일과 사색 그리고 사람들과의 교류를 적절히 조화시켜가면서, 평소에는 차분하지만 민감한 나의 심성과, 아주 변덕스러우나 결코 병에는 잘 걸리지 않는 나의 육신을 크게 애쓰지 않고도 잘 유지해나가는 일, 이러한 것들 모두가 내가 원해왔고 또 잘 지속해온 것들입니다."(Nr. 134; X 231) 가식을 전혀 찾아볼 수 없는 이 글은 거짓 겸손을 위한 것이 아니었다. 칸트는 남들이 간절하게 부탁해야 그 청을 들어주는 그런 사람은 아니었지만, 자신의 사생활이 간섭받는 것은 진정으로 원치 않았다. 1773년 당시 가장 큰 영향력을 가지고 있던 서평 전문 잡지인 『일반 독일 문고Allgemeine deutsche Bibliothek』에 그의 초상이 실리게 되었을 때, 그는 발행인이던 니콜라이Christoph Friedrich Nicolai에게 다음과 같이 썼다. "귀하의 학술 잡지에 제 초상을 실어주셔서 진정으로 감사드리며 무한한 영광으로 생각합니다. 물론 저는 자신이 세운 공로에 걸맞지 않는 정도의, 세인들 사이에서의 주제 넘는 명성을 피하고 있습니다. 그래서 귀하의 친절하신 배려도 만약 그 결정권이 제게 주어졌더라면 저는 사양했을 것입니다."(Nr. 77; X 142) 또 그의 옛 제자인 보로브스키Ludwig Ernst Borowski가 1792년 10월 쾨니히스베르크의 한 독일인 사교 모임에서 그에 관한 강연을 하고 싶다고 알렸을 때, 칸트는 아주 긴박한 어조로 다음과 같이 쓰고 있다. "저의 명예를 공식적으로 기려주고자 하는 귀하의 뜻은 매우 고마운 일이지만, 동시에 나를 무척 당황하게 만드는군요. 나는 …… 성대한 행사 같은 것은 천성적으로 (그리고 찬사를 보내는 자가 있으면 통상 비난자 역시 생겨나는 법이기에) 기피하고 있습니다. 따라서 나의 영광을 위한 귀하의 계획을 부디 거두어주기 바랍니다. …… 그 계획이 아직 취소될 수 있다면 귀하는 내게 정말 번거로운 일을 덜어주는 셈입니다. …… 내 살아생전에 그와 같은 내용이 인쇄되는 것을 나는 간절히 그리고 진실로 사양하는 바입니다."(Nr. 540; XI 379 f.) 칸트의 서간문들은 이와 같거나 유사한 기록들로 가득 차 있다.[1] 칸트는 "우리 자신에 관해서 우리는 침묵한다 De nobis ipsis silemus……"라는 베이컨의 문구를 『순수이성비판』 재판의 모토로 사용했는데, 이것은 동시에 자신의 삶의 기본 준칙이기도 했던 것이다.

18세기에 유행하던 자서전에 관한 관심과는 아주 대조를 이루는 이러한 은둔자적 태도의 배후는 무엇일까? 칸트가 학자로서 살아온 삶의 여러 단계들을 좀 더 주의 깊게 추적하고 그의 내면적 전기를 깊이 들여다보려는 수고를 해본 사람은 마침내 다음과 같은 놀라운 사실을 발견하게 된다. 그의 의도적인 평범성 뒤에는 절제되고 억제된, 그러나 극도의 강렬함과 각성을 동반한 삶이 숨어 있다

---

1) 예컨대 헤르쯔에게 보낸 칸트의 1786년 4월 7일자 편지(Nr. 267; X 442)와 레카르트Gotthilf Christian Reccard에게 보낸 1781년 6월 7일자 편지(Nr. 167; X 271) 및 다음 저서에 들어 있는 말터Rudolf Malter의 훌륭한 서문을 참조할 것. Karl Vorländer, *Immanuel Kants Leben*, neu hrsg. von Rudolf Malter, Hamburg 1974(¹1911, ²1921), pp. XIII ff.

는 사실이다. 그것은 각 개별 시기마다 고유의 특징을 지니고 있으나, 전체로 보아서는 연령대에 따라 아주 분명하게 어떤 차이점을 드러내준다. 한 사람의 인간이 그처럼 의식 있는 젊은이였고, 그렇게도 단호하게 성숙했으며, 그렇게도 자신이 나이를 먹어감을 잘 알고 있었던 경우도 드물다. 마찬가지로 그처럼 인생사의 중요한 목표들을 뚜렷하게 설정한 경우도 드문 일이다. 동일 인물에게서 젊었을 때의 모습과 노년의 모습이, 또는 모험적인 출발과 그 엄격한 수행이 칸트의 경우에서처럼 그렇게 현저하게 대비되는 사례는 드물다. 사실 그의 삶은 전형적인 시민의 삶이었다. 그러나 이러한 시민적 여건은 그의 인간적인 능력들을 소진시킨 것이 아니라 오히려 계발시켰다. 그의 삶은 시민적인 삶이 성취할 수 있는 것을 풍부하게 보여주고 있으며, 다른 사람들의 삶이 그러한 것들을 또다시 이루기는 힘들 것이다.

엄밀한 의미의 칸트 연구를 잠시만 주목하거나 그의 생애를 잠시만 들여다보아도 여기서 제시된 주장은 증명되거나 명백해질 수 있다. 칸트 연구가 칸트에 관한 기존의 편향된 이미지를 극복하고 그의 온전한 모습을 발견하기 위해 그동안 지나온 과정을 보면, 위에서 언급된 바와 같은 평범한 학자적 삶이 가지는 결코 평범치 않은 폭과 다양한 모습을 확인할 수 있다. 칸트가 사망한 직후인 1804년에서 1805년 사이에 발간된 권위 있는 칸트 전기들은 예외 없이, 모두 쾨니히스베르크에 살면서 오랫동안 칸트와 친밀하게 사귀어온 인물들인 보로브스키,[2] 바지안스키Wasianski,[3] 야흐만Jachmann,[4]

---

2) Ludwig Ernst Borowski, *Darstellung des Lebens und Charakters Immanuel Kant's, Von Kant selbst genau revidirt und berichtigt*, Königsberg 1804[Neudruck Brüssel 1968].

하쎄Hasse[5] 그리고 링크Rink[6] 등에 의해 집필되었다. 그리고 그것들은 상당 부분 자발적인 회상에 기초하고 있다. 그래서 그들이 함께 살면서 보아온 노년의 칸트, 즉 비판철학의 창시자가 전면에 등장하는 것은 조금도 이상한 일이 아니다. 또한 칸트의 냉철한 지성, 절제된 삶의 방식, 극도의 정확성, 그리고 1780년대와 1790년대의 놀라운 성과를 가능케 해준, 일상생활 속에서의 저술 작업과 친교 활동이 정확하게 분배되어 꼼꼼하고도 규칙적으로 진행된 나날들 등이 이야기되고 있는 것도 전혀 이상한 일이 아니다. "그리하여 매일매일 유사한 날들이 이어졌으며, 단조로운 일과들이 엄격한 질서 속에서 계속되었다."[7] "그는 주변의 아주 미미한 일들에서조차 그렇게 질서 정연하고도 규칙적인 삶의 방식에 오랫동안 익숙해져 있었기 때문에, 가위나 깃털 펜을 깎는 칼 등이 하나라도 본래의 위치에서 2인치만 벗어나 있거나 방향을 조금만 달리해 놓여 있어도 불안해했다. 그의 방 안에 덩치 큰 물건들이 잘못 놓여 있을 경우 …… 그는 아주 안절부절못하였으며, 그것들이 다시 본래의 위치

---

3) Ehregott Andreas Christoph Wasianski, *Immanuel Kant in seinen letzten Lebensjahren. Ein Beytrag zur Kenntniß seines Charakters und häuslichen Lebens aus dem täglichen Umgange mit ihm*, Königsberg 1804.

4) Reinhold Bernhard Jachmann, *Immanuel Kant geschildert in Briefen an einen Freund*, Königsberg 1804[Neudruck Brüssel 1968].

5) Artur Buchenau und Gerhard Lehmann (Hrsg.), *Der alte Kant, Hasse's Schrift: Letzte Äußerungen Kants und persönliche Notizen aus dem opus postumum*, Berlin u. Leipzig 1925.

6) Friedrich Theodor Rink, *Ansichten aus Immanuel Kant's Leben*, Königsberg 1805 [Neudruck Brüssel 1973].

7) Wasianski, a. a. O. p. 41.

를 찾을 때까지 시선을 딴 곳에 두지 못했다."[8] "원칙들에 있어서의 **확고함**, 행위에 있어서의 **꾸준함**, 결단에 있어서의 **단호함**—일에 있어서의 **질서**(그의 일상은 늘 변함이 없었다)."[9]

이러한 모습이 오래도록 칸트에 관한 상像을 지배해왔는데, 특기할 만한 것은 그의 〔일상생활 모습을 반영하고 있는〕 서간문의 대부분, 즉 80퍼센트 이상은 1781년 이후에 쓰여진 것들이라는 점이다. 하이네Heine의 유명한 칸트 풍자 역시 이러한 모습에 기초하고 있다. 그의 『독일의 종교와 철학의 역사Geschichte der Religion und Philosophie in Deutschland』에 따르면 칸트는 "삶도 인생도 갖지 않았다. 그는 독일 북동쪽 국경의 한 옛 도시 쾨니히스베르크의 조용하고 외딴 골목에서, 기계적이고 거의 무미건조한 독신자의 삶을 살았다. 나는 그곳 성당의 큰 시계조차도 그곳 출신의 임마누엘 칸트보다 그 자신의 외부적인 일상을 더 냉정하고 규칙적으로 완수했다고는 생각하지 않는다. 기상하기, 커피 마시기, 글쓰기, 강의하기, 식사하기, 산보하기 등 모든 것에는 정해진 시간이 있었다. 칸트가 잿빛 프록코트에 등나무 지팡이를 짚고 집을 나와, 자신이 철학자의 길이라 부른, 키 작은 보리수가 늘어선 길을 걸을 때면, 이웃 사람들은 그 시계가 3시 반을 가리키고 있다는 것을 아주 잘 알고 있었다." "한 사나이의 외면적인 삶과 그 자신의 파괴적이고 분쇄적인 사상이 이루는 기묘한 대조!"[10] 칸트에 관한 학술서에서도 이러

---

8) Ebd. p. 115.
9) Hasse, a. a. O. p. 35.
10) *Heinrich Heines Sämtliche Werke*, hrsg. von Ernst Elster, Bd. IV, Leipzig u. Wien o. J., pp. 249 f.

한 그의 모습은 덜 문학적이긴 하지만 크게 다르지 않게 묘사되고 있다. 예를 들어 쿠노 피셔Kuno Fischer에게 있어서도 칸트는 모든 학구적 작업의 비용을 철저하게 계산하여 그것에 드는 시간을 1분도 안 틀리게 할당한 "위대한 경제학자"였다.[11]

이에 반해 젊은 강사 시절의 칸트에 관한 전혀 다른 이미지, 즉 쾨니히스베르크의 사교계를 매혹시킨 "멋쟁이 선생님"이자 사교계의 기린아로서의 모습은 칸트 연구를 통해 비로소 서서히 그리고 조금씩 재발견되어 복구되어야만 했다. 이 방면의 중요한 첫걸음을 내디딘 것은 에밀 아르놀트Emil Arnoldt의 『칸트의 청년기와 강사 시절의 첫 다섯 해Kant's Jugend und die fünf ersten Jahre seiner Privatdocentur』라는 1881년의 글이었다.[12] 그러나 무엇보다도 먼저 언급되어야 할 두 작업은, 오토 쉰되르퍼Otto Schöndörffer가 1924년에 『멋쟁이 선생님Der elegante Magister』이라는 제목으로 발표한 글과,[13] 쿠르트 슈타펜하겐이 1949년에 발간한 훌륭한 저서 『칸트와 쾨니히스베르크Kant und Königsberg』이다.[14]

11) Kuno Fischer, *Immanuel Kant und seine Lehre*, Teil I: *Entstehung und Grundlegung der kritischen Philosophie*[*Geschichte der neuern Philosophie* Bd. IV], Heidelberg 1928(¹1860), p. 147.
12) Emil Arnoldt, *Kant's Jugend und die fünf ersten Jahre seiner Privatdocentur*. In: Altpreußische Monatsschrift 18(1881) pp. 606~686. 이 글은 Otto Schöndörffer (Hrsg.)가 펴낸 *Emil Arnoldt, Gesammelte Schriften*, Bd. III/2, Berlin 1908, pp. 103~210에 많은 부분이 보충되어 재수록되어 있다.
13) Otto Schöndörffer, *Der elegante Magister*. In: *Reichls philosophischer Almanach auf das Jahr 1924, Immanuel Kant zum Gedächtnis*, hrsg. von Paul Feldkeller, Darmstadt 1924, pp. 65~83.
14) Kurt Stavenhagen, *Kant und Königsberg*, Göttingen 1949.

따라서 칸트 전기에 있어서 핵심이 되는 것은, 그리고 그의 삶 전체에 대한 이해를 가능하게 하는 것은, 최소한 오늘날의 연구 성과를 토대로 삼을 경우, 전환기에 관한 물음들에 대해 내려진 대답들이다. 언제, 그리고 어떤 계기, 자극, 동기에 의해, 총명하고 명민한 사고가이자 세상이라는 책에서 배우기를 가장 좋아한 주의 깊은 관찰자이며 분석가가 1780년대에서 1790년대에 걸쳐 가차 없는 작업을 통하여 비판철학이라는 저 위대하고 획기적인 작품들을 만들어낸 엄격한 학자, 기계적인 노동자, 체계의 사나이로―〔그동안〕 거의 잘 알려지지 않은―변신을 감행하게 되었단 말인가? 무엇이 이 복잡한 변화 과정의 결정적 요인인가? 이와 연관해서도 우리는 칸트 연구의 두 성과물을 주목할 수 있는데, 1924년 출간된 요셉 헬러(Josef Heller)의 저서『칸트의 사람됨과 생애Kants Persönlichkeit und Leben, Versuch einer Charakteristik』,[15] 그리고 이에 관해 게르하르트 레만(Gerhard Lehmann)이 1954년에 발표한『칸트 삶의 위기(Kants Lebenskrise』[16]라는 논문이 그것이다.

이 문제의 의의를 이해하기 위해서는 적어도 잠시나마 31세의 칸트가 대학에서 강의하기 시작한 해인 1755년 이후의 시기를 되돌아볼 필요가 있다. 처음부터 그는 사람들의 비상한 관심을 끌었다. 보로브스키의 회고에 따르면, 칸트의 첫 강의는 "믿을 수 없을

---

15) Josef Heller, *Kants Persönlichkeit und Leben, Versuch einer Charakteristik*, Berlin 1924.
16) Gerhard Lehmann, *Kants Lebenskrise*. In: Neue Deutsche Hefte, Heft 7, 1(1954) pp. 501~508. 이 글은 많은 부분이 보충되어서 그의 저서 *Beiträge zur Geschichte und Interpretation der Philosophie Kants*, Berlin 1969, pp. 411~421에 재수록되어 있다.

만큼 수많은 학생들로 커다란 강의실의 입구와 계단까지 만원을 이루었다."[17] 프로이센과 여러 나라, 특히 발트해 지방, 러시아, 폴란드 출신 등으로 이루어진 다양한 학생들의 칸트에 관한 관심은 수십 년 동안 지속되었으며, 야흐만의 표현을 빌리면, 그는 "그의 청강생들에 의해 거의 우상처럼 떠받들어졌다."[18] 이러한 분위기의 일부분이, 1770년 8월 칸트가 정교수로 임명된 것을 축하하기 위해 "쾨니히스베르크에서 공부하던 쿠르 및 리프 지방Cur-und Liefläder의 학생들이 지은 헌시獻詩"(XII 401)를 통해서도 전해지고 있다. "그의 똑바른 시선은 결코 허식을 모르며,/ 그는 결코 어리석음을 비굴하게 지혜라 부르지 않네,/ 그는 우리가 무서워하는 가면을/ 벗겨낸다네."(XII 402) 칸트의 강의는 종종 어려웠고 까다로웠으나 당시에 통상적으로 사용되던 교과서를 깐깐하게 주입시키는 스타일은 아니었다. "유머와 즉흥을 동반한 자유로운 담론, 자신이 최근에 읽은 글들을 빈번히 인용하고 소개하기, 때때로 문제에 항상 적합하게 들어맞는 일화를 들기", "스스로 생각하라 – 스스로 연구하라 – 자신의 다리로 일어서라—이것이 그가 늘 반복하던 표현이었다"라고 보로브스키는 전하고 있다.[19]

우리의 젊은 강사는 학생들과의 개인적인 교류에 있어서도 놀라우리만치 자상하고 진솔했다. 대학 선생으로서의 그의 활동은 밥벌이를 위한 수단 이상의 것이었다. 사적인 대화를 나눌 때, "산책을 하거나 기타 기회가 주어지면 언제든지",[20] 그는 자신의 수강생들

---

17) Borowski, a. a. O. p. 185; p. 33 참조.
18) Jachmann, a. a. O. p. 35.
19) Borowski, a. a. O. p. 188.

의 어려움이나 이의 제기에 귀를 기울였다. 그가 "마지막 강의 시간에 …… 한두 명의 학생들에게"[21] 그와 함께 장시간의 소풍을 갈 것을 요구하는 일도 드물지 않았다. 한때 칸트의 제자였던 반노브스키Stephan Wannowski 교장은 나이가 든 다음에도 칸트가 "그의 방에서 얼마나 자주 그리고 활기 넘치게" 호라티우스Horaz와 유베날리스Juvenal, 할러Albrecht v. Haller와 뷔르거Gottfried August Bürger의 시구詩句들을 자신에게 "낭송해" 주었는가를 회상하고 있다.[22]

그러나 이 모든 것은 그의 강사로서의 삶의 한 측면에 불과했다. 그의 일과는 대략 두 부분으로 나누어져 있었다. 그중 한 부분은 학문적인 작업과 학교 수업으로, 나머지 부분은 그가 비상한 관심을 가지고 몰두했던 사교 활동으로 이루어져 있었다. 칸트는 이 시기에 대학 선생으로서 자신의 일에 몰두했던 것만큼이나 멋쟁이 선생님으로서 사교 활동에도 몰두했다. 보로브스키에 의하면 "젊은 시절의 그는 강의가 끝나면 점심을 들기 전에 찻집에 가서 한 잔의 차를 마시고 그날의 사건들에 관해 사람들과 이야기하거나 당구 한 게임을 즐겼다. 당시 그는 저녁 모임에서 카드놀이도 즐겼는데, 그것이 자신의 정신을 활기차게 만든다고 믿었기 때문이다. 그는 그러한 일들에 아주 녹초가 될 정도로 몰두했었다고 전해진다."[23] 이러한 두 번째 종류의 일과는 가까운 친구들과 지기知己들 그룹에서

---

20) Ebd. p. 85.
21) Ebd. p. 111; p. 102 참조.
22) Rudolph Reicke (Hrsg.), *Kantiana. Beiträge zu Immanuel Kants Leben und Schriften*, Königsberg 1860, p. 41.
23) Borowski, a. a. O. p. 117.

이루어졌으며, 공동의 식사와 게임, 대화 등과 함께 극장이나 그 도시에서 가장 훌륭한 살롱 혹은 클럽, 카지노 등에서 행해졌다. 칸트는 금방 쾨니히스베르크 사교계의 총아로 떠올랐고, 쾨니히스베르크의 크라우스Christian Jacob Kraus 교수가 지적한 것처럼, 그의 번득이는 재치와 "사려 깊은 학자에게는 드문 섬세한 감수성과 세련된 삶의 방식"[24]이 그를 곧 인기 있는 사교계 인사로 만들었다. 쾨니히스베르크에서 가장 아름다운 여인들 중 한 사람이자 뭇 남성들의 구애를 받으며 많은 염문을 뿌렸던 마리아 샬로테 야코비Maria Charlotte Jacobi 또한 1762년 6월, 이 "위대한 철학자"에게 "사적인 공감의 키스"(Nr. 25; X 39)와 함께 칼자루 장식용 리본을 선사했다. 카이젤링 백작 부인Caroline Charlotte Amalie Reichsgräfin v. Keyserling의 살롱에서도 칸트는 늘 상석을 차지했으니,[25] 하만은 그가 "사교계의 분망한 소용돌이 속에서 제정신을 못 차리게 되고"[26] 그래서 그가 구상하고 있는 모든 학문적인 계획들을 거의 또는 전혀 실현시키지 못하게 될까 봐 염려했을 정도였다. 뵈티거Wihelm Böttiger는 이렇게 적고 있다. "정말 그 당시 칸트 선생은 세계에서 가장 멋진 남자였고, 레이스 장식이 달린 옷을 즐겨 입었으며, 사랑의 전도사로서 모든 모임에 드나들었다."[27]

---

24) Reicke, a. a. O. p. 60.
25) Ebd.
26) *Johann Georg Hamann, Briefwechsel*, Bd. II: *1760~1769*, hrsg. von Walther Ziesemer und Arthur Henkel, Wiesbaden 1956, p. 234에 실린 Johann Gotthelf Lindner에게 보낸 1764년 2월 1일자 편지.(*Nr. 257*)
27) *Literarische Zustände und Zeitgenossen. In Schilderungen aus Karl Aug.[ust] Böttiger's handschriftlichem Nachlasse*, hrsg. von K.[arl] W.[ilhelm] Böttiger, Leipzig 1838,

이 시기에 칸트로 하여금 저술가로서 처음 명성을 얻게 해준 작품들의 문체는 그의 삶의 스타일과 일치하고 있다. 그것은 나중 작품들의 문체와는 철저하게 다르다. 이를테면 1763년 중반 "대학의 방학 기간 중" "쾨니히스베르크에서 1마일 떨어진 모디텐Moditten 의 산지기 집에서" 집필한 『미와 숭고의 감정에 관한 고찰』[28)]에는 초기 출판물들이 지닌 우아함이 아주 명랑하고 화려하게 드러나 있다. 하이네도 이러한 차이를 민감하게 관찰하고 있다. 그는 다음과 같이 적고 있다. 칸트의 초기 출판물들은 "프랑스 에세이가 담고 있는 것과 유사한 종류의 경쾌한 분위기로 가득 차 있다." 칸트가 "빈번히 아주 재기 넘치는 문체"로 "이 짤막한 글을 자유분방하게 이끌어가는 것을 보면서 우리는 놀라지 않을 수 없다." 반면 『순수이성비판』은 "음울하고 아무 멋도 없는 포장지 스타일로 쓰여졌다." 하이네는 또 다음과 같이 부언하고 있다. "칸트는 자신의 대표작이 보여주는 어렵고 무미건조한 문체로 인해 아주 많은 손해를 입었다."[29)]

무엇이 멋쟁이 선생님을, 하이네가 희화적으로 묘사했듯이, 저 엄격하고 거의 기계에 가까운, "포장지 스타일"의 노동 인간으로 만들었는가 하는 것이 우리의 핵심 문제이다. 이 물음은 쉽게 대답될 수 없다. 지금 우리가 주목하려는 변화는, 칸트의 삶 전체를 특징짓는, 눈에 띄지 않는 그의 평범한 삶 안에서 이루어지고 있기 때문이다. 변화와 관련해서 우리는 눈에 띄는 아무런 징후도 발견할

[Neudruck Frankfurt a.M. 1972] Bd. I, p. 133.
28) Borowski, a. a. O. p. 123.
29) *Heinrich Heines Sämtliche Werke*, a. a. O. Bd. IV, pp. 251 f.

수 없다. 그럼에도 불구하고 우리는 이제까지의 간단한 논의를 마무리 지으면서 최소한 하나의 추측을 제시해보고자 한다. 우리의 추측에 의하면, 그러한 변화 과정의 결정적 요인은 칸트를 10년 이상 괴롭힌 『순수이성비판』의 문제들이었다. 구상하고 "계획하는 일"(『형이상학 서론』 A 19) 대신에 드디어 문제 자체를 해결하려는 의지가 바로 결정적 요인이었다. 그가 1770년 당시 대학 학칙에 따라 정교수직 취임을 위해 라틴어로 작성했던 학위 논문 "몇 장"(*Nr. 57*; X 98)을 더 보충하려던 당초의 의도는 그를 점점 더 새로운 문제들에 옭아맸다. 그리고 이것은 본래의 기대와는 딴판으로 작업의 완수를 매년 뒤로 미루게 만들었다. 10년 동안 칸트는 그가 계획한 저서의 완성 시기를 새로 정해야 했으며, 10년 동안 그 결말이 항상 다시 뒤로 늦추어진 기획으로 인해 부담을 느껴야만 했다. 이 기간 동안 그의 삶은 점점 더 학문적 작업에 집중되었다. 그는 자신의 강의 수를 엄격히 제한하였고, 10년간 거의 모든 출판을 포기하였다(물론 이에 대해 그의 동시대인들은 많은 비난을 퍼부었다). 중요한 편지조차 그 답장을 수개월씩 미루었고, 중요하지 않은 경우 아예 수년간 회답을 하지 않기도 했다. 하만이 1764년 말하던 "사교계의 분망한 소용돌이"는 이제 발붙일 곳이 없게 되었다. 칸트의 건강 또한 지속적인 과로로 인해 영향을 받은 것으로 보인다. 그는 항상 반복해서 "불쾌감"(*Nr. 70*; X 133), "불편함"(*Nr. 120*; X 212) 그리고 "거북함"(*Nr. 79*; X 144)을 호소하였으며, 1778년에는 자신이 "이미 여러 해 동안 …… 다른 사람들 같으면 대부분 매우 불편해 할 정도의 아주 제한된 만족 상태를 건강 상태로 간주하는 데 익숙해졌다"(*Nr. 140*; X 241)고 말할 정도였다. 자서전적인 내용을 담고 있는 『단편』 5116(XVIII 95)에서 언급하고 있는 바와 같이 "진리를 발견하고자 하는 순수한 진지함"을 위해 그는 적지 않은 대가를 지불했던 것이다.

헤르쯔에게 보낸 몇몇 서간문들에는 이 시기에 더해만가는 긴장감이 잘 드러나 있다. 1773년 말경 칸트는 다음과 같이 적고 있다. "이제 나는 앞으로 나의 계획을 고집스럽게 추진할 것이며, 이 어렵고 험난한 나의 문제 영역을 평탄하게 만들어 보편적인 논의가 가능하게끔 해놓기 이전에는, 어떤 손쉽고도 즉흥적인 분야에서 명성을 구하려는 여하한 작가적 욕망에 [의해서도] 결코 흔들리는 일이 없을 것입니다."(Nr. 79, X 144) 1776년 11월에는 다음과 같이 적고 있다. "나는 사방으로부터 아무런 활동도 하고 있지 않다는 비난을 받고 있습니다. 오랫동안 그리 했던 것처럼 보이나 실제로는 [지금]보다 체계적이고 지속적으로 일해본 적이 결코 없습니다." (Nr. 112; X 198)

마침내 1981년 5월 『순수이성비판』이 출판되었을 때, 칸트는 더이상 예전의 칸트가 아니었다. 그의 "고집스러움"이 그 대가를 치른 것이다. 과거에 그를 유혹하고 잡아끌던 많은 것들이 이제는 그에게 생소한 것이 되어버렸다. 이제 그는 다른 스타일의 삶과 문체를 얻게 되었고, 행복을 다르게 생각하게 되었으며, 인생의 중대사에 대해서도 다른 시각을 지니게 되었다. 동시대인들이 거의 지각하지 못하는 사이에 멋쟁이 선생님이 은둔하는 학자로 되어버린 것이다. 그 이후 수년간 비판철학의 체계를 한 부분 한 부분 완성시켜 가면서 칸트가 쏟아 부은 엄청난 노력의 성과는, 이러한 무게 중심의 변화 없이는 아마 가능하지 못했을 것이다.

칸트와 계몽

칸트의 총체적 오류의 불가능성에 관한 이론

1. 역사적 운동으로서의 계몽과 칸트의 이중적 관계

칸트와 계몽―이것은 칸트 연구 전반에 있어 가장 다양한 측면을 지닌 그리고 가장 논쟁의 여지가 많은 문제 중 하나이다. 계몽의 아들이자 대표자로서의 칸트, 계몽의 변호인 및 옹호자로서의 칸트, 계몽의 정점으로서의 칸트, 계몽의 비판가, 반대자, 나아가 극복자로서의 칸트, 정신의 자유에 관한 대담한 옹호자로서의 칸트, (어디로 튈지 모르는) 불확실한 자로서의 칸트. 이러한 모든 견해는, 약 200년간 칸트를 해석하면서, 문외한이나 이데올로기의 옹호자들 또는 아마추어들에 의해서뿐만 아니라 중요한 칸트 연구가들, 양심적인 학자들 그리고 18세기에 정통한 전문가들에 의해 충분한 근거를 지닌 채 제시되어진 것들이다. 따라서 칸트와 계몽의 관계에 관해서는 매우 상이한 해석이 허용되어 있는 것처럼 보인다. 그 해석은 계몽이라는 개념 자체만큼이나 다양하게 바뀌는 것처럼 보인다. 사정이 이러하기에 칸트 탄생 250주년을 경축하면서 이러한 다양한 칸트 해석에다 또 하나의 해석을 덧붙이는 것이 과연 의미가 있는지 우리는 묻지 않을 수 없다. 과연 [칸트와 계몽이라는] 제기된 문제를 새롭게 조명해줄 수 있는, 아직까지 규명되지 않은 논의나 이렇게든 저렇게든 표현되어보지 않은 견해가 있을까?

언뜻 보기에 칸트가 계몽과 긍정적인 관계를 맺고 있다는 것은 의심의 여지가 없는 것 같다. 그는 인간적인 관계에 있어서나 철학적으로 계몽과 무척 밀접한 관계를 맺고 있고, 이러한 사실은 계몽과의 긍정적인 관계를 입증하고 있다. 그는 그 어떤 누구보다도 계몽의 아들이었다. 22살의 칸트는 이미 처녀작 『활력의 참된 측정에 관한 사상』에서 열정을 가지고 "인간 오성의 자유"(A VI)를 주장하고 있다. "나는 …… 이미 인간 오성은 이전에 무지와 경탄에 빠지게 했던 사슬에서 다행스럽게도 벗어났다고 생각한다."(A V) 칸트의 서재에는 노년에 이르기까지 유일한 장식으로 루소Jean-Jacques Rousseau의 그림이 걸려 있었다.[1] 칸트 자신의 말에 의하면 루소는 젊은 시절의 그를 "올바른 길로 나아가게" 했던 사람이었다.(XX 44) 칸트는 독일 계몽주의를 이끌었던 사람들과 친밀하고 우호적인 관계를 유지하고 있었다. 칸트가 원래 『순수이성비판』을 헌정하고자 했던[2] 람베르트Johann Heinrich Lambert와는 1765년부터, 그리고 멘

---

[1] Jachmann, a. a. O. p. 181; Walter Kuhrke, *Kants Wohnhaus, Zeichnerische Wiederherstellung mit näherer Beschreibung*, Königsberg ²1924(¹1917), p. 9 참조.
[2] 『단편』 5024(XVIII 64)와 *Reflexionen Kants zur kritischen Philosophie*, Aus Kants handschriftlichen Aufzeichnungen hrsg. von Benno Erdmann, Bd. II: *Reflexionen*

델스존Moses Mendelssohn과는 1766년부터 우정이 깃든 서신 교환이 시작된다. 그리고 그는 『베를린 월보Berlinische Monatsschrift』의 편집자인 비스터Biester와 20년 이상 편지를 통해 밀접한 교류를 맺고 있었다. 독일 계몽주의를 선도하는 잡지였던 『베를린 월보』에는 1784년의 『계몽이란 무엇인가』라는 물음에 대한 답변』을 비롯해 계몽에 관한 그의 유명한 논문들이 실린다. 그리고 계몽에 관한 고전적인 정의 중 많은 것은 칸트에게서 유래한다. 이러한 것으로 "인간이 스스로 책임져야 하는 미성숙 상태로부터 벗어"남으로서의 계몽(『계몽』 A 481), "항상 스스로 생각하라는 준칙"으로서의 계몽(『방향 정하기』 A 329), "편견으로부터의 해방" 또는 "미신으로부터의 해방"으로서의 계몽(『판단력비판』 B 158 f.)과 그 밖의 여러 정의를 들 수 있다. 또한 칸트는 계몽이 승리를 거두고 있던 시기뿐만 아니라 계몽이 배척당하고 박해받던 시기에도 계몽의 대변자에 속한다. 프리드리히 대왕Friedrich der Große이 죽은 후, 프리드리히 빌헬름 2세 Friedrich Wilhelm II가 통치하는 프로이센의 교육, 문화, 종교 등 정신적인 모든 것을 담당하는 장관Kultusminister이었던 뵐르너Johann Christoph v. Wöllner에 의해 계몽에 대한 반동이 생겨났을 때, 칸트는 장관과 왕의 증오를 가장 격렬하게 불러일으켰던 사람들 중 하나였다.[3] 1793년 칸트가 교수직을 잃고 망명객이 되어 프로이센 왕국

Kants zur Kritik der reinen Vernunft, Leipzig 1884, pp. 1 f. 참조. 추측컨대 칸트는 이 헌정—여기에는 이 저서를 "당신의 연구에서 취급할 것"(XVIII 64)을 람베르트에게 바라는 칸트의 청이 담겨 있었는데—에 관한 계획을 람베르트의 죽음 (1777년 9월 25일 사망)으로 인해 포기한 것 같다.

3) 특히 다음의 것들을 참조할 것. Emil Fromm, *Immanuel Kant und die preussische*

을 떠나야 한다는 소문이 떠돌았을 때, 유명한 계몽주의 교육학자인 캄페Campe는 칸트에게 브라운슈바이크Braunschweig에 있는 자신의 집을 도피처로 제공한다.[4]

그러나 이러한 모든 것은 다만 동전의 한 면에 불과하다. 이것들과 반대되는 꽤 중요한 사실들이 또한 있었다. 1781년 『순수이성비판』을 출판한 후 칸트는 독일 계몽주의 철학을 대표하는 거의 모든 사람들과 불화를 겪게 된다. 이러한 갈등은 간과되어서는 안 된다. 멘델스존과의 친밀한 관계는 매우 괴로운 관계로 끝이 나게 된다. 『소크라테스의 새로운 변명Neue Apologie des Sokrates』[5]의 저자인 에버하르트Johann August Eberhard와 칸트 간에는 칸트를 가장 격분케 한 논쟁이 계속된다. 그리고 독일 계몽주의의 중요한 대변인이었던 출판인 니콜라이는 결국 칸트의 가장 신랄한 비판자 중 한 사람이 된다. 이러한 대립은 인간적인 그리고 사적私的인 영역에서뿐만 아

Censur. Nebst kleineren Beiträgen zur Lebensgeschichte Kants. Nach den Akten im Königl. Geheimen Staatsarchiv zu Berlin, Hamburg u. Leipzig 1894. Emil Arnoldt, *Beiträge zu dem Material der Geschichte von Kants Leben und Schriftstellerthätigkeit in Bezug auf seine "Religionslehre" und seinen Conflikt mit der preussischen Regierung*, Königsberg 1898. Gleichzeitig erschienen in: Altpreußische Monatsschrift 34(1897), pp. 345~408, 603~636. 이 글은 *Emil Arnoldt, Gesammelte Schriften*, hrsg, von Otto Schöndörffer, Bd. VI, Berlin 1909, pp. 1~207에 재수록되어 있다. Emil Fromm, *Zur Vorgeschichte der Königlichen Kabinetsordre an Kant vom 1. Oktober 1794*. In: Kant-Studien 3(1899), pp. 142~147. Fromms Rezension zu Arnoldt in: Kant-Studien 3(1899), pp. 237~245.

4) 칸트에게 보낸 1794년 6월 27일자 캄페의 편지(*Nr. 632*; XI 512 f.) 참조.

5) Johann August Eberhard, *Neue Apologie des Sokrates, oder Untersuchung der Lehre von der Seligkeit der Heiden*, 2 Bde., Berlin u. Stettin ²1776~1778(¹1772)[Neudruck Brüssel 1968].

니라 사고의 영역에서도 나타나게 된다. 계몽의 철학은 칸트의 동시대인들에게 있어서는 그 전체적인 경향이 분석의 철학인 반면, 『순수이성비판』은 이에 대해 의식적으로 반대하고 있는 종합의 철학이었기 때문이다.

따라서 칸트와 계몽의 관계는 개별적인 사실에 관한 논의의 차원을 넘어서서 좀 더 깊은 영역에서만 충분히 해명될 수 있을 것 같다. 역사적인 개별적 사실들 역시 매우 중요할 수 있고, 이러한 것에 대한 정확한 분석을 포기해서도 안 되겠으나, 우리가 다루고자 하는 주제는 부분적인 측면에 관한 상세한 논의 이상의 것을 요구하고 있다. 이 주제에 관한 논의는 계몽주의의 근본 신념에 관한 물음, 이 거대한 정신사적 운동의 공통적 토대에 관한 물음, 개별적인 인물들의 우정과 다툼 그리고 사고와 행위의 배후 관계를 밝힐 수 있는, 서로를 연결하는 지평과 같은 것에 관한 물음을 요구하고 있다. 이 논의는 무엇보다도 우선 계몽 자체에 관한 깊은 이해를 요구한다. 칸트가 계몽주의 내에서 차지하고 있는 위치는 단순히 개별적인 발언이나 행동을 통해서가 아니라 이러한 근본 관점들에 관한 논의를 통해서만 알아낼 수 있다. 바로 이러한 근본 관점이 칸트를 계몽과 결속시키거나 계몽에서 분리시키고 있다. 이에 관해 이어지는 논의에서 핵심적인 것만이라도 다루어져야 할 것이다. 여기서 우선 계몽의 근본 사상을 논제로 다룬다고 할 때, 계몽의 아마도 가장 진지하고 확고한 신념은—이 신념은 계몽 사상의 모태母胎에 해당되는데—이성에 관한 특정한 이해라고 할 수 있다. 이러한 이해는 칸트의 "보편적 인간 이성allgemeine Menschenvernunft"이라는 개념에 잘 표현되어 있다.

2. 칸트의 보편적 인간 이성의 이념

칸트의 보편적 인간 이성의 이념은, 그의 저서,[6] 편지,[7] 메모[8] 그리고 강의[9] 등 매우 다양한 곳에서 명백히 드러나 있듯이, 극도로 복잡한 그리고 내적인 긴장 관계를 지닌 이념이다. 이 이념 안에는 서로 반대되는 두 요소가 결합되어 있다. 그리고 이 두 요소는 이미 '보편적 인간 이성'이라는 개념 자체에 드러나 있다. '이성'이라는 단어를 꾸며주는 두 용어는 서로 상이한 방향을 지향한다. 보편적 인간 이성은, 이성은 사적私的 이성Privatvernunft이 결코 아니라는 것 그리고 소수의 특권이 아니라는 것을 말하고 있다. 모든 사람은 각각 이성을 어느 정도 자신의 몫으로 지니고 있다. 보편적 인간 이성은 "공동의 인간 이성"(『발견』 B 63)[10] 또는 "인간 이성 일

---

[6] 『순수이성비판』 B XXXVIII f., 22, 780; 『형이상학 서론』 A 7; 『헤르더』 A 309; 『판단력비판』 B 157("전체 인간 이성"); 『발견』 B 78; 『종교』 B 212, 250; 『종말』 A 496; 『영구평화』 B 68; 『인간학』 B 322 참조.

[7] 람베르트에게 보낸 1765년 12월 31일자 칸트의 편지(Nr. 34; X 55) 참조.

[8] 『단편』 1486(XV 716), 2649(XVI 449), 5635(XVIII 266) 참조.

[9] 『백과전서 강의』 p. 52. "우리 이성의 진정한 법정은 보편적 인간 오성이다"; 『필리피 논리학』(XXIV 427), 『빈 논리학』(XXIV 871). "보편적 인간 오성(상)의 일치가, 내가 올바르게 판단하게 되리라는 추측의 근거이다."; ebd. XXIV 874. "섭리는 우리가 보편적 인간 이성의 판단을 내리도록 조종해왔고, 이러한 판단에로의 경향을 우리 안에 부여했다." 이 개념 형성에 관한 직접적인 원천으로 마이어Georg Friedrich Meier의 『논리학Vernunftlehre』(Halle 1752)을 생각해볼 수 있다: 그 한 예로 p. 143(§129) 참조. "모두가 …… 알고 있지 않으냐." "따라서 보편적 인간 오성은 우리에게 …… 말하고 있다."

[10] 또한 보른Friedrich Gottlob Born도 *Immanuelis Kantii opera ad philosophiam criticam*(4 Bde., Leipzig 1796~1798[Neudruck Frankfurt a.M. 1965])에서, 이 개념을 때

반"(『형이상학의 진보』 A 173)을 의미한다. 보편적 인간 이성은 "어느 곳에서나"(『순수이성비판』 B 867) 활동하고 있고, 보편적 인간 이성에 관해서는 "모든 사람이 자신의 발언권"(『순수이성비판』 B 780)을 갖고 있다. 반면 인간 이성으로서 보편적 인간 이성은, 완전하고 온전한 진리를 확실히 소유하고 있는 절대적인 신적神的 이성이 아니라 언제까지나 부분적인 이성일 뿐이다. 각자에 있어, 또한 가장 통찰력이 있는 자나 가장 뛰어나게 숙고할 수 있는 자 그리고 가장 현명한 자에게 있어서도, 이성은 항상 단지 부분적으로 작용할 뿐이고, 각자에 있어 이성은 처해 있는 상황과 경향 그리고 여러 상이한 종류의 "편견"과 "관심"에 의해 많든 적든 간에 제한되어 있다.[11]

로는 "공동의 인간 이성communis ratio humana"(Bd. I, p. XXXVIII; Bd. II, p. 4 참조) 으로, 또 때로는 "보편적 인간 이성universalis hominum ratio"(Bd. I, p. 518 참조)으로 번역하고 있다. 그러나 보른은, 적지 않은 의미 동요와 상관없이, 보편적 인간 이성이라는 용어에서 특징적이고 또한 의미심장한 칸트의 개념 사용이 문제가 되고 있다는 사실을 아마도 알아차리지 못한 것 같다.(예를 들어 Bd. I, p. 17 참조) 이러한 간과看過는 이제까지의 칸트 연구의 경향이라고 할 수 있다. 칸트 스스로 이 용어를 그렇게 자주 사용했음에도 불구하고 이 용어는 이제껏 칸트 해석이나 칸트 사전에서 자세히 다루어지지 않고 있다.

11) 할레대학에 볼프의 후임으로 있던 마이어는 그의 *Beyträgen zu der Lehre von den Vorurtheilen des menschlichen Geschlechts*(Halle 1766)에서 인간 이성의 이러한 특징을 각별히 눈에 띄게 강조한다. "어떠한 인간의 이성도 보편적 이성은 아니다. 가장 이성적인 인간도 단지 이성의 몇몇 대상들에 있어 그러할 뿐이다. 다른 모든 것에 관해서는 그는 어린아이와 같이 어처구니없이, 맹목적으로 그리고 성급하게 판단한다."(§43, p. 88) "따라서 그는 그 밖의 인식에 있어 무학자無學者와 똑같이 편견에 지배되고 있다. 그의 학식은 학식 밖의 인식에서 편견을 피하는 데 있어 그를 결코 안심시키지 못한다."(§44, p. 90) 또한 Horst Stuke, Artikel *Aufklärung* in: *Geschichtliche Grundbegriffe, Historisches Lexikon zur politisch-sozialen Sprache in Deutschland*, hrsg. von Otto Brunner, Werner Conze, Reinhart Koselleck,

이성의 보편성은 어느 정도까지는 이성의 제한성이라는 대가를 지불해야 한다. 보편적 인간 이성은, 그러니까 "단지 인간 이성이라고 하는 것"(『단편』 6307; XVIII 600)은 따라서 항상 "보편적 인간 이성의 …… 결함을 수반하는 것"(『단편』 2269; XVI 293)이라고 할 수 있다. 한 사람이 다른 사람보다 더 지식이 풍부하고, 더 통찰력이 있고 그리고 '더 이성적'일 수 있다. 그러나 어떤 인간도, 그가 어떤 학파, 집단, 신분, 계급에 속한다고 할지라도 이미 이성의 완전한 의미를 실현했다고 또는 이성의 '보편적 대표자'라고 그래서 진리를 온전히 소유한 상태라고 스스로 주장해서는 안 된다. 오히려 "다른 사람의 이성"을 통해 "보편적 인간 이성이 소유하게 되는, 인식의 보다 큰 재산에 관한 공동 소유자condominus"(XXIII 195)가 되는 것이 요구된다. 즉 원리적으로 모든 사람의 입장에서, 또한 다르게 생각하는 사람이나 적의 입장에서, 진리의 요소를 인식하고 인정하는 것이 그리고 이것을 자신의 입장에 대한 보충과 정정으로 파악하는 것이, 그래서 이성의 통일로 빨리 다가가는 것이 요구된다. 이러한 것은 계몽이, 오류와 편견을 점차 제거해가며 개별적인 관심의 속박으로부터 벗어나고, 보편적 인간 이성으로서 상이한 주관에 나누어져 있는 동일한 이성을 점차 해방시켜가는 과정이라는 것을 이야기하고 있다.[12]

Bd. I(A~D), Stuttgart 1972, p. 254 참조.
12) 또한 Norbert Hinske (Hrsg.), *Was ist Aufklärung?, Beiträge aus der Berlinischen Monatsschrift*, In Zusammenarbeit mit Michael Albrecht ausgewählt, eingeleitet und mit Anmerkungen versehen von Norbert Hinske, Darmstadt ²1976(¹1973), Nachwort zur zweiten Auflage, VI: "계몽과 보편적 인간 이성Aufklärung und allgemeine Menschenvernunft", 특히 pp. 556 f. 참조.

계몽의 철학은 따라서 그 자신의 고유한 동인動因의 관점에서 파악할 때, 유한한 이성의 철학이다. 계몽의 철학은, 이성이 목표로 하고 있는 온전한 또는 총체적 진리는 인간에게 주어진 것이 아니라 단지 과제로서 부과된 것이라는 통찰로 이루어져 있다. 계몽의 철학은 무제약자를 바라볼 수 있는 범위 안에는 있으나 그렇다고 무제약자를 소유한 것은 아니다. 계몽의 철학은 이러한 자신의 유한성으로 괴로워하나 스스로를 속이지 않고 이 유한성을 인정한다. 바로 이러한 것이 계몽의 철학에 열려 있음을 부여한다. 즉 모든 다른 사람의 이성을 보편적 이성의 한 부분으로 파악하고 그래서 진지하게 여기게끔 한다.

이제껏 약술된 이성에 대한 이해는 독일 계몽주의 내의 주요 사상가들에 있어 제각기 다른 억양과 언어로 표현된다. 칸트가 독일 계몽주의를 대표하는 사람들 가운데 그 어떤 누구보다도 높이 평가하고 인정했던 람베르트는, 1764년 출판된 그의 『신기관新機關Neues Oraganon』에서 자신의 이성에 대한 이해를 무미건조하게 그러나 매우 인상적으로 다음과 같이 설명하고 있다. "우리가 진리를 스스로 찾아야만 하고 이에 관해 스스로 확신해야만 한다는 것은 지극히 당연하다. 모든 인간은 많든 적든 간에 이를 위해 요구되는 오성의 힘을 소유하고 있다고 우리는 이미 수없이 이야기해왔다."[13]

---

13) Johann Heinrich Lambert, *Neues Organon oder Gedanken über die Erforschung und Bezeichnung des Wahren und dessen Unterscheidung vom Irrthum und Schein*, 2 Bde., Leipzig 1764, Bd. I, Vorrede pp. 3 f.(unpag.)(*Johann Heinrich Lambert, Philosophische Schriften*, hrsg. von Hans-Werner Arndt, Bd. I, Hildesheim 1965). René Descartes, *Discours de la Methode*(1637) I 1 참조. "양식良識은 세상에서 가장 공평하게 분배된 것이

칸트에게 있어서 보편적 인간 이성의 이념은 전 저서에 걸쳐 매우 다양한 형태와 표현으로 이곳저곳에 되풀이해서 등장한다. 여기서는 다만 그중 몇몇 특징적인 것만을 드러낼 것이다. 칸트는 이미 22살 때 대단한 열정을 가지고 이 이념에 관해 이야기하고 있다. 그는 처녀작에서 다음과 같이 적고 있다. "만약에 우리가 명민한 사람들의 주관에 나누어져 있는 이성을 하나로 만들고, 그리고 결코 완전히 잘못됐다고 할 수 없는 그들의 주장들이 서로 모순되는 경우 진리를 찾아낼 수 있다면, 이것은 그야말로 인간 이성의 명예를 수호하는 일이다."(『활력』 A 194) 1765년 12월 31일, 그러니까 그로부터 약 20년 후 칸트는 람베르트에게 쓴 편지에서 "우리들의 방법의 일치"는 "이 사상이 보편적 인간 이성의 이념이라는 시금석에 의해 옳다고 판명되는 것을 보여주는 논리적 표본"과 같다고 말한다.(*Nr. 34*; X 55)[14] 다시 약 20년 후 칸트는, 아마도 1780년 전반부에 행해진 것으로 여겨지는 한 인간학 강의에서 다음과 같이 설

> 다. 왜냐하면 각자는 아주 잘 그 양식을 갖추고 있다고 생각하기 때문에, 어떠한 일에도 쉽게 만족 못하는 사람들조차도 그들이 갖고 있는 것 이상으로 양식을 요구하려 들지 않는다. 이 점에 관해서 사람들이 모두 잘못 생각할 수는 없는 법이다. 오히려 이러한 사실은 양식 혹은 이성이라고 불리는, 옳게 판단하고 거짓에서 참을 구별하는 능력이 모든 사람들에게 태생적으로 동등하다는 것을 증명하고 있는 것이다." (*Oeuvres de Descartes*, hrsg. von Charles Adam und Paul Tannery, Bd. VI, Paris 1965, pp. 1 f.) 칸트도 이와 비슷한 것을 이야기하고 있다. "**건강한 인간 오성**은 첫째로는 모든 인간이 지니고 있다고 추측할 수 있는 인간 오성(일반 오성)이라고 여겨지며, 둘째로는 타락되지 않은 건강한 오성이라고 생각된다." (『단편』 430; XV 173)

14) 또한 『어떤 시령자의 꿈: 형이상학의 꿈을 통해 설명함 Träume eines Geistersehers, erläutert durch Träume der Metaphysik』(1766) A 41 참조.

명하고 있다. "인간은 사적 판단에 있어 자주 틀릴 수 있기에 그리고 자신이 꿈꾸고 있는 것 안에서 많은 생각을 가지고 살고 있기에, 자연은 우리 생각의 실제적인 판정관으로 공중公衆을 두었다. 보편적 인간 이성은 각자의 이성의 개별적인 사용에 있어 판결을 내려야만 할 것이다." "…… 하나의 판단은 다른 판단을 개선한다. 따라서 우리는 우리의 판단을 타인의 이성에 의해 검사하려는 경향이 있다. 이것은 가장 현명한 자라도 거부할 수 없는 수단이다."15) 비

---

15) *Immanuel Kant's Menschenkunde oder philosophische Anthropologie*[이하 『인간 탐구』로 인용], hrsg. von Fr[iedrich] Ch[ristian] Starke [=Johann Adam Bergk], Quedlinburg u. Leipzig ²1838(¹1831)[Neudurck Hildesheim u. New York 1976], pp. 34 f. 이 강의가 언제 행해졌는지 추정하기는 매우 어렵다. 편집자인 베르크도 이 점에 관해서 애매한 견해를 지니고 있고 또한 잘못을 범하고 있다. XII쪽에서 그는 강의 내용이 "『순수이성비판』(1781년)은 아직 출판되지 않았다는 것을 나타내고 있다"고 적고 있다. 그리고 105쪽에서는 "이 강의는 칸트가 대학에서 강의를 시작하고 난 후 오래되지 않은 기간에 행해진 것으로 여겨진다"고 쓰고 있다. 반면 246쪽에서는 "매우 늦은 시기에 [1790년에] 출판된 칸트의 『판단력비판』은 이 강의에서 다루어지고 있고, 이 강의를 행할 당시 『실용적 인간학』(1798년)은 이미 쓰여졌다"고 적고 있다. 에르트만Erdmann은 이 책에 담긴 주요 내용들을 근거로(이 근거는 좀 더 보강되어져야 한다고 생각한다), "이 강의는 아마도 칸트가 1773년 겨울에 행한 첫 인간학 강의일 것"이라는 결론을 내린다.(*Zur Entwicklungsgeschichte von Kants Anthropologie.* In: *Reflexionen Kants zur kritischen Philosophie*, Aus Kants handschriftlichen Aufzeichnungen hrsg. von Benno Erdmann, Bd. I: *Reflexionen Kants zur Anthropologie*, Leipzig 1882, p. 58) [알다시피 실제로는 1772/1773년도 겨울 학기에 칸트는 자신의 첫 인간학 강의를 한다.] 멘쩌Paul Menzer는 "1779/1780년도 겨울 학기 이후에" 이 강의가 행해진 것으로, 그리고 가장 개연성이 높은 연대로 1784년을 생각하고 있다.(*Der Entwicklungsgang der Kantischen Ethik in den Jahren 1760~1785*, Kant-Studien 3[1899], pp. 65 ff.) 그는 연대 추정에 있어 특히 레싱Lessing의 『나탄Nathan』에 관한 언급(p. 38)과 "『세계 시민적 관점에서 본 보편사의 이념』에 등장하는 견해와의 눈에 띄는 일치"를 그 근

슷한 시기에 쓰여진 『순수이성비판』에서 칸트는 인간 이성이 "스스로 보편적 인간 이성—이에 관해 모든 사람이 자신의 발언권을 지니고 있는—이외의 그 어떤 재판관도 인정하지 않는다"고 말하고 있다.(B 780) 그는 또 1790년에는 에버하르트에 대해 다음과 같이 반박하고 있다. "무엇이 철학적으로 올바른지를 그 누구도 라이프니츠에게서 배울 수 있거나 배워야만 하는 것이 아니다. 시금석은 모두가 가까이 할 수 있는 공통의 인간 이성이다. 철학의 대가大家란 존재하지 않는다."(『발견』 B 63) 라이프니츠라는 이름을 오늘날 당시의 그와 동일한 비중으로 다가오는 이름으로 바꿔본다면, 우리는

거로 하고 있다. 슈라프Otto Schlapp(*Kants Lehre vom Genie und die Entstehung der 'Kritik der Urteilskraft'*, Göttingen 1901, pp. 9 ff.)와 아디케스Erich Adickes(*Untersuchungen zu Kants physischer Geographie*, Tübingen 1911, pp. 37 ff.)는 베르크에 의해 출판된 이 강의는 "푸트리히Puttlich가 베껴 적은 것Abschrift과 많은 부분에 있어 대체로 일치하고 있다"고 주장한다. 푸트리히의 강의 필기는 늦어도 1783/1784년도 겨울 학기에 있었던 칸트의 인간학 강의를, 혹은 훨씬 그 이전의 것을 베껴 적은 것으로 간주된다.(XV 801 참조) 그러나 에르트만과 여기서 언급된 다른 칸트 연구가들이 다루고 있지 않는 강의 한 부분은 암암리에 이 강의 내용이 적어도 1780/1781년도 겨울 학기 이전에는 행해진 것이 아니라는 것을 이야기하고 있다. 224쪽에는 다음과 같은 내용이 적혀 있다. "사람들을 오류 속에 머물게 하는 것이 권장할 만한가라는 현상 문제가 공고되었을 때, 권장할 만하다고 대답한 성직자도 있었다." 칸트가 언급하고 있는 이 현상 문제는 베를린 학술원이 제기한 현상 과제였다. 그리고 이 과제에 대한 수상식은 1780년 5월 31일에 있었다.(XV 672 참조) 또한 연대 추정에 관한 논의에 있어 "전문적인 필경사의 편집 행위가 매우 크게 작용했다"(XV p. VI)는 아디케스의 언급이 고려되어야 할 것이다. 즉 베르크가 출판을 위해 사용한 원본은 이미 여러 시기에 걸쳐 행해진 강의 내용들을 포함했을 수 있다. 이와 관련해 베르크가 붙인 속표제— "칸트의 철학적 인간학: 강의들을 가지고 완성한"(p. 1; 강조는 지은이)—는 편집자가 상이한 강의 필기들을 가지고 작업을 했을 것이라는 생각이 들게 한다.

칸트의 이 발언이 지닌 엄청난 힘과 의미를 직접적으로 깨닫게 된다.

이제껏 개략적으로 알아본 계몽과 이성에 대한 이해는 단순한 태도나 마음가짐 차원 이상의 것이다. 그리고 계몽과 이성에 대한 이러한 이해가 계몽을 주도했던 사람들 각자의 사고와 행위를 그렇게 강하게 지배했었다면, 이 이해는 몸에 밴 삶의 방식이나 습관일 수도 있다. 그러나 이 이해는 이해심, 서로 간의 예의바름, 인간애, 행실의 단정함 그리고 관대성에 대한 성실한 요청 이상의 것을 포함하고 있다. 이 이해는 또한 이성의 힘에 관한 소박하거나 꺾이지 않는 믿음, 그러니까 인간 인식이 지닌 여러 종류의 제약을 아직 발견하지 못했거나 정말로 알지 못해서 지니는 믿음과는 전혀 다른 것이다.[16] 이 이해는 되풀이해서 거듭 숙고된 진리와 오류에 관한 구

---

16) 계몽에 대한 이러한 이해 혹은 정확히 말하면 오해의 예로 벨러스호프Dieter Wellershoff의 다음 언급을 들 수 있다. "계몽은 모든 인간에게 공통의 이성이 있다고 믿었기에, 정신세계의 통일은 원리적으로 위험에 처하지 않는다고 여겨졌다. 그런데 19세기에 들어서서 칸트가 논의했던 추상적 이성 주체는, 다양한 눈과 따라서 다양한 진리가 있다는 니체가 주장한 견해로 인해 해체된다. 사람들은 정신이란 자율적이거나 상황에서 자유로운 것이 아니라, 정신이 처해 있는 실제적 배후 관계, 국가, 언어, 문화, 사회적 계급, 주위 환경 그리고 또한 생명력, 체질, 질병, 마음에 깊은 상처를 준 경험에 의해 형성된 것이라는 사실을 발견한다."(*Der Gleichgültige, Versuche über Hemingway, Camus, Benn und Beckett*, Köln ²1975[¹1963], p. 78) 이러한 역사적 서술이 어느 정도로 실제 사실과 다른지는 계몽주의의 무수한 원전을 통해 증명할 수 있다.(또한 이 책 p. 47. 주석 11 참조) "정신이란 자율적이거나 상황에서 자유로운 것이 아니다"라는 인식은 계몽에 있어 바로 논의의 출발점을 형성하고 있다. 칸트도 이미 그의 『1765~1766년도 겨울 학기 강의 공고안』에서, 위에서 언급된 "실제적 배후 관계"를 주제로 삼고 있는, 도덕 지리학moralische Geographie이라는 고유한 이념을 전개시키고 있다. 도덕 지리학은 "인간에 관해 그의 자연적 특성의 다양

상構想에 근거하고 있다. 이 구상은 칸트 철학에서 매우 넓은 범위에 걸쳐 그 힘을 미치고 있으나, 흥미롭게도 이제껏 거의 주목받지 못했다. 현대 정치 철학을 선도하는 개념 중 하나인 다원론多元論은 이 오류에 관한 이론Irrtumstheorie에 그 바탕을 두고 있다. 따라서 비교적 긴 인용문이기는 하나 칸트의 주장을 들어봄으로써 그의 견해를 좀 더 자세히 알아보는 것이 논의에 도움이 될 것이다.

3. 칸트의 총체적 오류의 불가능성에 관한 이론

a) 칸트의 명제

앞에서 언급된 진리와 오류에 관한 구상의 중심 사상이자 핵심은, 칸트가 되풀이해서 거듭 강하게 주장한 총체적 오류의 불가능성이란 명제이다. 이에 관해 그는 무수히 많은 언급을 하고 있다. "총체적 오류는 불가능하다."(『백과전서 강의』 p. 48) "인간 오성이 빠질 수 있는 모든 오류는 …… 다만 **부분적**이고, 모든 틀린 판단에

> 성과 무엇이 그에게 도덕적인 것으로 여겨지고 있는가의 차이점을 전 지구에 걸쳐 고찰하고 있다. 이것은 매우 중요한 …… 고찰로서, 이러한 고찰 없이 인간에 관한 보편적 판단을 내리는 것은 거의 불가능하다."(A 15) 또한 『임마누엘 칸트의 자연 지리학』, hrsg. von Friedrich Theodor Rink, IX 164 참조. 이제까지의 논의를 통해 우리는 다음과 같이 말할 수 있을 것이다. 보편적 인간 이성의 이념은 결코, 그 사이 현대의 문화 및 사회 과학의 '성과'들에 의해 낡아빠진 것이 되어버린, 이성에 대한 소박한 믿음이 아니다. 이 이념은 오히려 저 성과들―이 성과들의 근본적인 의미는 후에 전개된 세부적인 발전에도 불구하고 18세기에 이미 아주 잘 알려져 있었다―로부터 이성적 결론을 이끌어내려는 시도이다.

는 항상 참된 것이 놓여 있음에 틀림없다."(『논리학』A 78)¹⁷⁾ "부분적으로 참이 아닌 판단은 없다."(XXIV 395) "어떠한 판단도 전적으로 틀릴 수 없고, 전적으로 아무것도 아닐 수 없다."(XXIV 396) "⋯⋯ 따라서 당연히 총체적 오류란 없다." "중대한 것으로 보이는 오류라 할지라도 다만 부분적으로 그럴 뿐이다."(XXIV 85) "하나의 인식이 때때로 전적으로 참될 수는 있을지언정, 결코 전적으로 잘 못될 수는 없다."(XXIV 93) "어떤 인간도 결코 전적으로 틀릴 수는 없다. 무엇인가 참된 것이 항상 그의 인식 안에는 있다."(XXIV 527) "따라서 많은 오류를 범하는 자는 항상 참된 것을 지닌다."(XXIV 825) "어떤 인간도 결코 전적으로 틀릴 수는 없다. 다만 우리가 그 어떤 인간을 이해하지 못했을 뿐이다."(XXIV 825)¹⁸⁾ 우리는 칸트

---

17) 『단편』 2193(XVI 267) 참조. "오류들 안에 있는 부분적 진리."
18) 여기에 인용된 거의 대부분의 언명들은 학생들이 작성한 칸트의 논리학 강의에 관한 여러 종류의 필기들에 나오는 것이다. 따라서 조심스럽게 이용되어야만 할 것이다. 이 점과 관련해 레만은 이미 다음과 같이 이야기하고 있다. 우리는 "오늘날 강의 필기를 칸트의 소장본에 적혀 있는 메모들 내지는 『단편』들과 비교함으로써, 강의 필기를 검사하는 수단"을 지니고 있다.(*Immanuel Kant, Vorlesungen*, Abt. I: *Vorlesungen über Enzyklopädie und Logik*, Bd. I: *Vorlesungen über Philosophische Enzyklopädie*〔이하 『백과전서 강의』로 인용〕. hrsg. von Gerhard Lehmann, Berlin 1961, p. 20) 실제로 논리학에 관한 유고에는 본문에서 언급한 것과 동일한 생각이 표현되어 있는 일련의 메모들이 발견된다. 이러한 것으로 특히 『단편』 2141(XVI 250), 2193(XVI 267), 2212(XVI 272), 2250(XVI 286), 2273(XVI 294)을 들 수 있다. 게다가 강의 필기의 몇 군데에서는 유고에 나온 것과의 구체적인 연관 관계를 추측해볼 수도 있다. 한 예로 『필리츠 논리학』 (XXIV 527)과 『단편』 2250을 언급할 수 있다. 그러나 유고와 강의 상호 간의 관련에 관한 폭넓은 분석은 우리가 현재 논의하고 있는 주제와 연관해서 다음과 같은 뜻밖의 실상을 알려준다. 총체적 오류의 불가능성에 관한 이론은

사상의 상이한 여러 시기에 걸쳐 발견되는 이러한 언급들의 목록을 별로 힘들이지 않고도 두 배 세 배로 늘릴 수 있다. 이미 30대에 칸트는 이러한 신념을 매우 분명하게 말하고 있다. 따라서 추측하건대 이 신념은 매우 일찍 형성된 그의 철학적 근본 동기들 중 하나로 여겨진다. 『보편적 자연사와 천체 이론』에서 그는 다음과 같이 적고 있다. "우리는 사람들이 그렇다고 인정했던 가장 어처구니없는 견해에도 언제나 참된 것이 있다는 사실을 깨닫게 된다."(A XXV f.)

그러나 총체적 오류의 불가능성이라는 명제는 결코 인간이 이런저런 문제에 있어 피치 못하게 오류를 저지를 수 있다는 것을 부정하는 것은 아니다. 이 명제가 오류를 하찮은 것으로 취급하고 있는 것도 아니다. 그리고 이 명제는 진리의 회의적 상대화도 아니고, 또한 참과 거짓 사이의 차이를 말소하는 것도 아니다. 이 명제는 오류라는 현상에 관한 진지한 숙고이자, 오류의 본질과 어떻게 오류가 성립하는지에 관해 보다 정확히 이해하고자 하는 노력의 최종 결론, 즉 넓고 깊은 숙고로 이루어진 이론이다. 이 명제는 좀 더 자세히 살펴보면 개별적인 인식들을 염두에 두고 있기도 하지만, 그보다는 개별적인 인식들 간의 내적 연관 관계와 오성 내지는 이성에

> 강의 필기에서는 매우 큰 부분을 차지하면서 다루어지고 있는 반면, 유고에서는 다만 몇 줄에 걸쳐 짧게 언급되고 있을 뿐이다. 이것을 가장 그럴듯하게 설명하는 것은 아마도 다음과 같은 추측일 것이다. 이 이론 또는 생각은 칸트에게는 너무나 분명한 것이기에, 그는 강의 준비를 하면서 다만 몇몇 짧은 주요 개념들의 메모만으로 충분했을 것이다. 덧붙여 말한다면 유감스럽게도 레만은 학술원판 칸트 전집의 강의 필기를 편집하면서 강의 필기에 관한 이러한 검사를 포기하고 있다. 새로운 판을 출간할 경우 유고와 대조해볼 수 있게끔 해주기를 절실히 희망한다.

의한 개별적인 인식들 간의 연결과 주로 관련되어 있다. 한 예로 칸트가 자신의 논리학 강의에서 교과서로 사용한 마이어의 『논리학 적요摘要Auszug aus der Vernunftlehre』 소장본에 남긴 다음의 메모를 들 수 있다. "역사적(경험적) 주장에 있어서는 누군가 완전히 틀릴 수 있다. 예를 들면 예수 탄생 이후에 일어난 사건을 예수 탄생 이전에 일어났다고 하는 식으로 완전히 틀릴 수 있다. 반면 이성적 판단에서는 누군가는 항상 한 측면에서만 옳을 수밖에 없다. 그래서 그에 대해 우선 이 옳은 것에 관해 동의하고 그리고 그후에 옳지 않은 것을 제한으로서만 부언附言하는 것이 적절하다."(『단편』 2212; XVI 272) 이 메모의 첫째와 둘째 문장에서 칸트는 마이어의 "총체적 오류falsitas totalis"(XVI 262)[19] 개념을 설명하고, 나아가 역설적으로 이 개념에서 옳은 것을 끄집어내고자 한다. 반면 셋째와 넷째 문장에는 칸트 자신의 철학적 입장이 매우 분명하게 드러나 있다.

b) 역사적 배경

과감하다고 할 수 있는 이러한 총체적 오류의 불가능성이라는 명제의 역사적 원천은 매우 먼 과거에서부터 발견할 수 있다. 이미 아리스토텔레스에게서 적어도 이러한 의미로 이해될 수 있으며 또한 보편적 인간 이성의 이념을 어느 정도 선취하고 있는 것으로 여겨지는 몇몇 언급이 발견된다. 그는 예를 들어 많은 논쟁을 유발시킨 『형이상학Metaphysik』의 한 곳에서 다음과 같이 주장하고 있다. "진

---

19) 이 책 p. 63, 주석 41 참조.

리에 대한 탐구는 한편으로는 어렵고 또 다른 한편으로는 쉽다. 이 것은, 그 누구도 진리에 적절하게 이를 수 없다는 그리고 그 누구도 진리를 획득하지 못한다는 것이 아니라, 본질에 관해 무엇인가 말할 수 있다는 것을 그리고 우리 혼자서는 진리에 관해 아무것도 기여할 수 없거나 다만 적게 기여할 수 있다는 것을, 그러나 만약에 모든 견해를 모은다면 주목할 만한 것이 이루어지게 된다는 것을 나타낸다."[20] 토마스 아퀴나스는 매우 분명하게 다음과 같이 이야기한다. "틀린 것은 그 어떤 참된 것에 근거하고 있다." 그러니까 엄밀히 보면 그 자체로 "불완전한 진리"가 존재한다.[21] 이 견해는 한편으로는 반대 근거에 대한 신중한 숙고를 수반하는 퀘스치오

---

20) Aristoteles, *Metaphysica* II 1, 993 a 30 ff. 또한 Thomas von Aquin, *In II Metaphys.* lect. 1(Nr. 275) 다음 참조. "비록 어떠한 인간도 진리에 대한 완전한 인식에 이를 수는 없을지라도, 어떠한 인간도 진리에서 그 일부를 인식하지 못할 만큼 진리에 관여하지 못하는 것은 아니다."(Nr. 277)의 다음 참조. "모두에게 개방되어 있고 우선적으로 눈에 띄는, 집의 입구에서는 아무도 기만되지 않는 것처럼, 진리를 고찰하는 경우에도 마찬가지이다. 왜냐하면 그것들을 통해 다른 것들에 대한 인식을 하게 되는 것들은 모든 이에게 알려진 것들이며, 아무도 그것과 관련해서 기만되지 않기 때문이다. 그런데 제일 원리들이란 것이 이런 성격의 것들로서 본성상 알려진 것들이다. 그래서 '모든 전체는 그것의 부분보다 더 크다' 등과 같은 명제들을 긍정하면서 동시에 부정할 수는 없다."
21) Thomas von Aquin, *In I Sent.* dist. 19 q. 5 a. 1 ad 8의 다음 참조. "그러므로 특수한 존재에서 어떤 결성이든 그것[즉 결성]이 선 속에 기초하고 있듯이, 거짓도 무언가에 있는 것처럼 참된 것 속에 기초하고 있다. 그러니 거짓이나 나쁨[악]이 그 안에 있는 것이 존재하는 것이긴 하지만 완전한 존재가 아니 듯이, 나쁜 것이나 거짓된 것도 불완전하게 좋은 것이거나 불완전하게 참된 것이다. *S.th.* I q. 17 a. 4 ad 2의 다음 참조. "모든 결성이 존재인 기체基體 속에 기초하고 있듯이, 모든 거짓도 참된 어떤 것 속에 기초하고 있다."

Quaestio[summa, commentata 등과 함께 중세 저술 양식의 한 형태로서 어떤 주제에 대한 찬반 토론을 기술한 것]를 문학적으로 표현한 것으로서 의미를 가질 수도 있겠다.[22] 그런데 이러한 견해의 인식론적인 토대는 다시금 아리스토텔레스로 소급되는, 특정한 기초적인 인식 행위에 있어 오류란 원리적으로 있을 수 없다는 전제에서 찾아볼 수 있다. 그러니까 감각적 인식의 경우, "엄밀한 의미에서 지각될 수 있는 것에 관해 감각은, 부수적인 내용 때문이 아니라면, 그리고 다만 개별적인 경우에 있어서가 아니라면, 어떠한 잘못된 인식도 하지 않는다."[23] 이성 인식에 관해서도 비슷하게 이야기된다. "'그 무엇 Was'에 관해서는"—이때 '그 무엇'이란 모든 판단 이전에 놓여 있는 단순한 개념 형성을 의미한다—"이성은 속지 않는다."[24] 특히 "단순한 그 무엇임Washeit의 파악에 있어 이성 인식은 틀릴 수 없다. 이 경우 이성 인식은 참이거나 또는 전혀 아무것도 인식하지 못한다."[25]

18세기에 이 총체적 오류의 불가능성이라는 명제는 수많은 사람들에 의해 확고한 어조로 주장되고 있다.[26] 예를 들어 (30대의 칸

---

22) 또한 Josef Pieper, *Über den Geist des Streitgesprächs*. In: Hochland 50(1957/1958), 특히 pp. 518 f. 참조.
23) Thomas von Aquin, *S.th.* I q. 17 a. 2 c.
24) Ebd., I q. 17 a. 3 c.
25) Ebd., Aristoteles, *De anima* III 6, 430 a 26 ff.; III 10, 433 a 26 참조.
26) 이에 관한 숙고는, 진리의 특징을 편견에 관한 논의를 통해 드러내고자 시도한 멘델스존—그는 마이어의 숙고를 이어받은 것으로 여겨진다(이 책 p. 47, 주석 11 참조)—에게서 흥미 있는 견해로 그 모습을 드러낸다. Alexander Altmann, *Das Menschenbild und die Bildung des Menschen nach Moses Mendelssohn*. In: Mendelssohn-Studien 1(1972), pp. 15 ff. 참조.

트가 그의 교수 자격 논문에서 여러 차례 언급하고 있는) 다르에스 Darjes는 자신의 『형이상학 입문Elementen der Metaphysik』에서, "비록 참된 것에 그 어떤 틀린 것이 섞임으로써 모호하게 될지언정 그 어떤 견해도 참된 것이 전혀 섞여 있지 않을 정도로 틀리지는 않다"는 것을 매우 잘 알고 있다고 적고 있다.27)

이 명제는 18세기에 람베르트에 의해 특히 인상적이고 체계적인 모습으로 완성된다. 람베르트도 칸트처럼 거듭 이 명제를 강하게 주장한다. "참된 것은 …… 모든 사고하는 존재에 깊이 뿌리박고 있기 때문에, 사람들은 무엇인가 참된 것을 사고하지 않고서는 전혀 아무것도 사고할 수 없다. 뿐만 아니라 사람들은 참된 것을 함께 섞지 않고서는 틀릴 수 없기 때문에 오류조차 참된 것에게 빚을 지고 있음에 틀림없다."28) "생각할 수 있는 모든 오류 안에는 진리가 있다."29) "따라서 참된 것이 섞여 있지 않은 오류는 없다."30) 만약에 있다면 그러한 종류의 오류는 따라서 실제로는 전혀 "아무것도 생각하지 않은"31) 것을 의미할 뿐이다. 맹목적인 논박에 있어서 총체적 오류라는 개념은 매우 쉽게 입 밖으로 내뱉어질 수 있지만, 좀 더 자세히 살펴보면 말도 안 되는 개념이라는 것이 증명된다. 이런 이유로 람베르트는 모든 인간 인식에서 원리적으로 진리가 오류보다 앞서

---

27) Joachim Georg Darjes, *Elementa metaphysices*, Bd. I, Jena 1743 (Bd. II, Jena 1744), p. 277(§I).
28) Lambert, *Neues Organon*, a. a. O. Bd. I, p. 585(§259).
29) Ebd., p. 552(§193).
30) Ebd., p. 553(§194).
31) Ebd.

있는 것으로 간주한다. "참된 것이 틀린 것에 앞서 시작된다."[32)]

람베르트가 이러한 자신의 견해를 전개하는 결정적인 논증은, 내용상 아리스토텔레스로 소급되는 특정한 개념 이론에 근거한다.[33)] 이 이론은 단순 개념과 복합 개념의 구별에 기초하고 있다. 단순 개념들이 복합 개념으로 결합되면서 오류가 스며들 수 있는 반면, 단순 개념 그 자체는 모든 오류에서 벗어나 있다. "모든 단순 개념은 그 자체로 참되고 올바른 개념이다."[34)] 왜냐하면 단순 개념 내에 "잘못된 것 또는 틀린 것"이 있다면, "이 개념 안에는 나머지 것과 공존할 수 없는 것이 있어야만 하기 때문이다. 따라서 단순 개념 내에서는 무엇인가가 구분될 수 있고, 그렇다면 단순 개념은 더 이상 단순하지 않다."[35)] 물론 람베르트의 이러한 이론은, 그에 의해 무미건조하게 진술되었다고는 하나 그렇다고 결코 논리학 또는 인식론의 정교한 이론에 그치는 것은 아니다. 이 이론은 최종적으로는 '실천적' 결과를 낳는 데 이바지한다. 이 이론은 다르게 생각하는 자의 견해에 대한 근본적인 존경을 요구하고 있다. "어떠한 오류도 전적으로 배척되어서는 안 된다."[36)] 동시에 이 이론은 아무 소득도 없는 반대와 대결 그리고 맹목적인 당파성을 방지한다. "만약에 우리가 오류를 전적으로 배척할 뿐만 아니라, 이와 동시에 배척한 참된 것 대신에 그

---

32) Ebd., p. 554(§198).
33) Aristoteles, *De anima* III 6, 430 a 26 ff.; *Metaphysica* IX 10, 1051 b 24 f. 참조. 또한 Thomas von Aquin, *S.th.* I q. 17 a. 3 c.; q. 85 a. 6 참조.
34) Lambert, *Neues Organon*, a. a. O. Bd. I, p. 552(§191).
35) Ebd., p. 552(§192).
36) Ebd., p. 557(§202).

반대를 받아들인다면, 우리는 다만 틀린 것을 틀린 것으로 교환할 뿐이다. 이는 인식의 올바름에는 거의 도움이 되지 않는다."37)

또한 18세기에 "순수한" 또는 "총체적" 오류의 가능성을 원리적으로 배제시키지 않으려는 사람에게 있어서도, 앞서 이야기한 것과 매우 유사한 발언들을 찾아볼 수 있다. 볼프는 라틴어로 쓴 윤리학에서는 분명히 "진리에 관해 그야말로 아무것도 포함하고 있지 않고 진리로부터 전적으로 벗어나 있는" "순수한 오류"와 "진리의 한 부분을 포함하고 있는" 오류를 구분하고 있음에도 불구하고,38) 다음과 같이 이야기하고 있다. "나는 항상 다음의 생각이 옳다고 여겼고 아직도 이러한 생각을 지니고 있다. 만약에 오류를 반박하고자 한다면, 오류를 증명하기 위해 필요한 근거들에 몰두해야만 한다. 그리고 동시에 참된 것을 거짓된 것에서 구분해야만 한다. 왜냐하면 그 안에 참된 것을 더불어 지니고 있지 않은 오류는 매우 드물기 때문이다."39) 또한 마이스너Meißner의 『철학사전Philosophisches

---

37) Ebd., p. 558(§202).
38) Christian Wolff, *Philosophia moralis sive ethica, methodo scientifica pertractata*, Teil I, Halle 1750(*Christian Wolff, Gesammelte Werke*, hrsg. von Jean École u. a., Abt. II, Bd. XII, Hildesheim u. New York 1970), pp. 577 f.(§363). "그러므로 다른 사람이 순수한 오류를 범했고, 그래서 그 오류가 아무런 진리도 전혀 포함하고 있지 않고 전체적으로 그것[즉 진리] 자체로부터 멀어져 있다면 ……." "진정으로 만일 오류가 진리의 부분을 이미 포함하고 있다면 ……."
39) Christian Wolff, *Ausführliche Nachricht von seinen eigenen Schrifften, die er in deutscher Sprache von den verschiedenen Theilen der Welt-Weißheit heraus gegeben / auf Verlangen ans Licht gestellt*, Frankfurt a.M. ²1733(¹1726)(*Christian Wolff, Gesammelte Werke*, hrsg. von Jean École u. a., Abt. I, Bd. IX, hrsg. von Hans Werner Arndt, Hildesheim u. New York 1973), pp. 267 f.(§296).

Lexicon』에서 이 문장은 거의 동일하게 되풀이해서 이야기된다.[40] 칸트의 총체적 오류의 불가능성에 관한 이론이 공격의 주 대상으로 삼고 있는 마이어Meier[41]도 다음과 같이 주장하고 있다. "만약에 하나의 포괄적인 인식을 극도로 칭찬하고 또한 이 인식을 전적으로 옳은 것으로 여긴다면, 그리고 다른 인식을 전적으로 틀린 것으로 간주함으로써 극도로 무시한다면, 이것은 논리학의 규칙을 거역하는" 것이다. "의심할 것도 없이 극도의 격정과 당파성이, 하나의 체계 내에서 참된 모든 것을 전혀 보지 못하고 다만 체계 내의 틀린 것에만 주목하게 되는 원인이다."[42]

---

40) Heinrich Adam Meißner, *Philosophisches Lexicon, Darinnen Die Erklärungen und Beschreibungen aus des salu.*[o] *tit.*[ulo] *tot.*[o] *Hochberühmten Welt-Weisen, Herrn Christian Wolffens, sämmtlichen teutschen Schrifften seines Philosophischen Systematis sorgfältig zusammen getragen*, Bayreuth u. Hof 1737[neu hrsg. von Lutz Geldsetzer, Düsseldorf 1970], p. 323.

41) Georg Friedrich Meier, *Vernunftlehre*, Halle 1752, p. 140(§128) 참조. "우리는 따라서 전적으로 틀린 인식과 부분적으로 틀린 인식을 …… 구분해야만 한다."; ders., *Auszug aus der Vernunftlehre*, Halle 1752[wiederabgedruckt in: *Kant's gesammelte Schriften*, hrsg. von der Königlich Preußischen Akademie der Wissenschaften, Bd. XVI, Berlin u. Leipzig ²1924(¹1914)], p. 25(§100)의 다음 참조. "만약에 하나의 인식이 참된 것을 전혀 포함하고 있지 않다면, 이 인식은 **전적으로 거짓이다**(총체적 오류falsitas totalis) …… 하나의 인식은, 상이한 의도하에서는, 동시에 참이자 거짓일 수 있다(부분적 진리와 오류veritas et falsitas partialis)."[XVI 262 f.] 이러한 마이어의 용어 사용에서 칸트의 다음과 같은 표현들이 유래하고 있다. "총체적total 오류는 불가능하다."(『백과전서 강의』 p. 48) "인간 오성이 빠질 수 있는 오류는 …… 다만 **부분적**partial이다."(『논리학』 A 78) 반면 칸트의 다음과 같은 문체는 적어도 내용상으로는 람베르트의 명제들(이 책 p. 60 참조)과 일치하고 있다. "모든 틀린 판단에는 항상 참된 것이 놓여 있음에 틀림없다."(『논리학』 A 78)

42) Meier, *Vernunftlehre*, a. a. O. pp. 141 f.(§128).

C) 근거의 제시

볼프와 마이어와 같은 학자들과 비교할 때, (적어도 부분적으로는 서로 독립적으로 전개된)[43] 칸트와 람베르트의 생각은 문제를 근본적으로 첨예화시켰다고, 즉 철학적으로 심화시켰다고 할 수 있다. 그리고 이것이 그들이 오류론의 역사에서 결정적인 위치를 차지하게 된 이유이다. 두 사람 모두 문제점을 인정하고 환기시키는 것으로 만족하지 않고, 근본적인 문제들을 사상적으로 간파하고자 한다. 다른 식으로 표현하자면, 동시대인들이 지녔던 정서와 신념은 이 두 사람에 의해 완성된 이론의 수준에 도달하게 된 것이다. 칸트는 람베르트와는 달리 처음에는 부정적인 논증을 사용한다. 그는 다음과 같이 정당하게 논증하는데, 총체적 오류를 수용하게 되면, 이것이 단 한 번 행해졌다고 하더라도, 이것은 결국 암암리에 인간에 관한 전칭적 언명을 함축하게 된다는 것이다. 이러한 수용은 결국 실제로는 인간 인식 능력을 근본적으로 의문시하게 될 것이고, 이를 통해 또한 불가피하게 자신의 사고도 반격을 당하게 된다고 한다. 만약에 인식 행위가 전적으로 오류를 저지를 수 있다면, 즉 '총체적 오류'와 같은 것이 원리적으로 가능하다면, 내 자신의 인식도 그리고 다르게 생각하는 자의 인식도 진위眞僞에 관한 신뢰할 수 있는 기준이 되지 않는다. 총체적 오류란, 오류를 저지르는 자 스스로에 의해 도대체 더 이상 오류로서 파악될 수 없는, 말하자면 밀폐된hermetisch 오류라고 할 수 있다. 총체적 오류는 또한 항상

---

[43] 예를 들어 『활력의 참된 측정에 관한 사상』(1746)과 『보편적 자연사와 천체 이론』(1755)에 나오는 칸트의 논의를 참조할 것.(이 책 p. 50과 p. 56 참조)

내 자신의 오류일 수 있고, 그리고 다른 사람들과는 달리 진리를 인식했다고 여기는 나의 신념은 결국 다만 "많은 통찰을 획득했으면 얼마나 좋을까 하고 꿈꾸는 것"(『인간 탐구』 p. 34), 즉 인식에 관한 환상 그 자체일 수 있다. 확신하려는 모든 시도는 따라서 실제로는 공허한 기도일 뿐일 것이고, 확실한 언명이란 전적으로 불가능할 것이다. 그뿐 아니라 총체적 오류에 관한 주장도 결국 스스로 폐기될 수밖에 없게 된다. 이러한 논증은 칸트에게서 다양한 표현으로 반복되고 있다. 1770년대의 논리학 강의에서는, 예를 들면 이른바 『블롬베르크 논리학』에서는 다음과 같이 이야기되고 있다. "만약에 다른 사람이 전적으로 틀리게 판단할 수 있다고 할 경우, 이러한 것은 그에게 있어서와 같이 또한 우리에게 있어서도 충분히 가능할 것이다. 우리는 따라서 우리의 오성과 이성의 전반적인 사용에 있어 다만 매우 불확실하게 될 것이다."(XXIV 94) 이와 매우 유사하게 칸트는 같은 시기에 행해진 논리학 강의에서 다음과 같이 말하고 있다. "인간이 전적으로 틀리게 판단하고 있다고 가정해보자. 그렇다면 오성은 자신의 법칙에서 완전히 벗어나 있는 것이다.[44]" 그러면

---

[44] 『명료성』 A 87 참조. "인간 오성은 다른 모든 자연 작용들과 마찬가지로 특정한 규칙에 구속되어 있다. 따라서 오성이 개념들을 무규칙적으로 결합시키기 때문에, 우리가 틀리는 것은 아니다."『순수이성비판』 B 350: "어떤 자연 작용도 스스로 제 자신의 법칙을 위반하는 일은 없다. 따라서 (다른 원인의 영향을 받음이 없이) 오성 그 자체로 그리고 감성 그 자체로 오류에 빠지는 일은 없을 것이다. 전자의 경우 오성은 단지 자신의 법칙에 따라 작용하기만 하면 그 결과(판단)가 이 법칙과 필연적으로 일치하지 않을 수 없기 때문이다." 더 나아가 『논리학』 A 1 ff., 『단편』 1562(XVI 3), 『필리피 논리학』 XXIV 311 f., 『필리츠 논리학』 XXIV 502 등 참조.

우리는 결코 오성을 신뢰할 수도 그리고 의지할 수도 없게 될 것이다. 오류가 있게 되는 모든 경우에는 무엇인가 특별하고 기이한 것이 일어나고 있는 것이다. 공기보다 밀도가 높은[무거운[45)]] 물체가 공기 중에서 상승할 수 있다고 가정해보자. 그렇다면 우리 물리학 전체가 불확실하게 될 것이다. 마찬가지로 만약에 우리가 오성이 자신의 법칙에서 [전적으로] 벗어나 있다고 가정한다면, 우리의 모든 인식도 불확실한 것이 될 것이다."(XXIV 395)

이것이, 칸트가 일생 동안 그것도 종종 매우 가혹하게 내적 경험, 지각, 감정, 의식, 관심, 관점과 같은 것에, 간단히 말하면 어떤 형태이건 "사적私的 판단"(XXIV 396)에, 의식적이든 무의식적이든 자신의 최종 근거를 두고 있는 모든 종류의 이론에 반대한 이유 중 하나이다. 이러한 모든 판단들은 최종 결론에 있어서는 불가피하게 확실한 인식에 관한 완전한 포기로 이어지고, 따라서 결국에는 자신의 주장도 반격을 당하게 된다. 만약에 인간에게 원칙에 해당하는 인식 능력이 이미 부여되어 있지 않다면, 즉 모든 인간에게 보편적 인간 이성과 같은 것이 없다면, 그 내용이 어떻든 간에 사적 판단에 근거를 둔 이론들은 순환 논증에 빠지지 않은 채로 그 근거를 물을 수도 없고 정당화될 수도 없다. 따라서 이런 종류의 이론들이 실제로 가능한 경우란, 이 이론들이 그 결과를 의식할 수도 없고 자신의 입장에 대한 비판적 검토도 힘들 때뿐이다. 칸트는 이러한 배

---

45) Johann Samuel Traugott Gehler, *Physikalisches Wörterbuch oder Versuch einer Erklärung der vornehmsten Begriffe und Kunstwörter der Naturlehre mit kurzen Nachrichten von der Geschichte der Erfindungen und Beschreibungen der Werkzeuge begleitet*, 6 Bde., Leipzig 1787~1796; Bd. I, pp. 580 ff. Artikel: "Dichte, Dichtigkeit."

타성의 밑바탕에 놓여 있는 자만심을 날카롭게 조롱한다. "자신만이 모든 참된 인식을 소유하고 있는 반면 다른 사람은 전적으로 그러한 것을 소유하고 있지 않다는 배타적 판단"은 "자기 자신만을 높이 평가하고 자기 자신 외에는 모든 다른 사람을 업신여기는 썩어빠진 자만일 뿐이다. // 이러한 자만에 빠져 있는 자들은, 다른 모든 것이 이집트의 어둠 속에 잠겨 있음에도 그들의 머리 속에서만 고센Gosen[46]을 생각하고 있는 것이다."(XXIV 94)

그런데 칸트는 이러한 부정적인 논증만으로 결코 논의를 끝내지는 않는다. 이러한 부정적인 논증은 사실 항상 〔그 확실성에 대한〕 총체적 회의의 여지가 있기 마련이다. 이러한 부정적인 논증과 더불어 칸트는 그의 오류론을 정립하고 그 토대를 마련하는 일련의 관찰과 분석을 통해 자신의 주장을 전개한다. 그의 관찰과 분석에 의하면 인간은, 모든 이론적 정초에 앞서, 심지어는 자신의 이론에 반대되는 것들에 있어서도 그리고 실제의 행동에 있어서도, 언제나 이미 원칙에 해당하는 인간의 인식 능력과 같은 것을 전제하고 있다. 인식과 진리에 관한 신념은 인간에게서 제거될 수 없는 것이다. 그래서 인간은, 심지어는 극단적 회의론자도, 실천적 행동에 있어서는 다른 사람의 판단에 대해 관심을 보이며 총체적 오류의 이론적 수용을 거부하고 있다. 총체적 오류가 지니는 철학적 입장은 자만심이라는 인간학적 사실에 의해 부정된다고 할 수 있다. "자기중심주의자Egoist"를 칸트는 18세기의 이 개념의 의미에 따라 다음과

---

[46] 「창세기」 47장 1절과 〔학술원판 칸트 전집〕 편집자의 해설. XXIV 996 f. 참조. 〔고센은 모세의 영도하에 유태인들이 이집트에서 탈출하기 전에 머물렀던 지역 이름.〕

같이 설명하고 있다. "그는 보편적 판단을 중요하게 여기지 않는 자이다. 그러나 그러한 것은 …… 단지 위선일 뿐이다. 아주 미천한 자가 그에 대해 내리는 판단일지라도 그것이 그에게 분명 아무 상관도 없는 일은 아닐 것이다."(『백과전서 강의』 p. 52) 칸트는 이러한 자기중심주의에 의식적으로 반대하면서 자신의 입장을 "다원주의 Pluralismus"로 특징짓는다. 이를테면 『필리피 논리학』에서 그는 "만약에 자신의 판단을 다른 사람의 것과 비교하고 다른 이성과의 일치 관계 여부에 따라 진리를 결정한다면, 이러한 것은 논리적 다원주의이다"라고 이야기한다.(XXIV 428) 그리고 그는 『단편』 2147에서 다음과 같은 메모를 남기고 있다. "지식욕"과 "자신을 알리고자 하는 성향은 서로 결합되어 있다……. 왜냐하면 우리 자신의 판단은 다른 사람의 관점을 통해 숙고되어야만 하기 때문이다. 독자적으로 생각하는 이성과 공감을 나누는 이성. 논리적 오성의 측면에서 볼 때 전자는 자기중심주의자이고 후자는 다원주의자이다."(XVI 252)[47]

이와 마찬가지로 다르게 생각하는 자의 견해를 수정하거나 그의 공감을 획득하려는 모든 시도 역시 그가 원리적으로 인식 능력을 지니고 있다고 전제하고 있는 것이다. "우리는 한 인간을 다만 그 사람의 건강한 오성의 여력餘力에 의해 설득시킬 수 있다. 만약 내가 그에게 이러한 오성이 없다고 부인한다면, 그와 더불어 이성적 숙고를 하는 것은 어리석은 짓이다."(『단편』 1578; XVI 16) "그 누구도, 그가 지닌 오성의 여력에 의하지 않고서는, 가르칠 수 없다." (XXIV 85) "만약에 다른 사람이 전적으로 틀렸다고 한다면, 왜 그

---

[47] 『인간학』 B 8; 『판단력비판』 B 130; 『인간학 1791~1792』 p. 62 참조.

와 논쟁을 하는가? 미친 자와 이성적 논쟁을 하는 것은 미친 짓이다."(XXIV 397)

d) 귀결

앞에서 살펴본 오류론은 칸트에게 있어 매우 근본적인 숙고에 그 기초를 두고 있기에 누가 보아도 명백한 **실천적 귀결**들이 있게 된다. 즉 이 오류론으로부터 진지하게 앎과 진리를 문제 삼고 있는 모든 사람이 결코 등한히 해서는 안 될 중요한 행위 규칙들이 성립된다. 여기서 미리 밝힌다면 이것들은 바로 계몽에서 오류론과 관련해서 거듭 따르도록 명령되고 또 요구되고 있는 규칙들 내지는 "법칙들"이다.[48] 칸트에게 있어 이 규칙 내지 법칙들을 내용적으로 정당화하는 작업은, 일단 도덕적인 영역과 같은 곳에서 행해지지는 않는다. 그것들의 정당화하는 작업은 그에게 있어 총체적 오류의 불가능성에 관한 성찰에 그 직접적인 기반을 두고 있다.

첫 번째, 가장 특징적인 행위 규칙은, 칸트가 매우 강조하고 있는 바, 다르게 생각하는 자의 견해에 대한 신중함과 조심성의 준칙이다. 칸트는 분명한 어조로 "방법에 있어서는 상냥하게, 사태에 있어서는 강력하게"(『단편』 618; XV 267)[49]라는 오래된 '고전적' 규칙을 언급하고

---

48) 이 책 pp. 61 f. 또한 이 책 pp. 70 f., 주석 50 참조.
49) 『단편』 1482(XV 672) 참조. Georg Büchmann, *Geflügelte Worte, Der Zitatenschatz des deutschen Volkes*, vollständig neubearbeitet von Gunther Haupt und Winfried Hofmann, Berlin ³²1972(¹1864), p. 597 참조. 이 책은 이 명제의 원천으로 예수회 총회장이었던 아쿠아비바Claudio Aquaviva(1543~1615)를 들고 있다.

있다. 비판이 필연적이라고 할지라도 모든 불필요한 독설을 삼가는 것이 그리고 공동 작업의 기반을 "신랄한" 논박을 통해 파괴하지 않는 것이 필요하다. 이제까지의 논의와 직접 관련하여 칸트는 다음과 같이 설명하고 있다. "우리가 이미 이야기했듯이 모든 판단은 진리적인 어떤 것 없이는 행해지지 않기에, 이로부터 우리가 다른 사람이 내린 판단의 …… 오류에 대한 우리의 판단을 매우 완화시켜야만 할 것이라는 결론이 불가피하게 나오게 된다. 그러니까 다음과 같은 특정한 원리가 있다. 만약 어떤 사람이 항상 논쟁한다면, 만약 어떤 사람이 다른 사람에 항상 반대한다면, 그는 결코 진리에 이를 수 없다." 그 반대로 우리는 "서로 공동으로 사이좋게 서로를 지지해주어야 하며 그래서 한 사람이 다른 사람에게 항상 반대하여 행동하지 않아야만 한다. // 따라서 어떤 것을 반박하는 대신에, 그것에 실제로 진리가 숨겨져 있지는 않은지 조사해야만 할 것이다." 이는 무엇을 보충해야만 하는지를 계속해서 숙고하기 위해서이며, 그런 다음 "오류를 저지르는 자에게 그가 매우 쉽게 그리고 잘 틀리는 것이 어째서 전혀 놀랄 만한 것이 아니라는 것을 되도록 신랄하지 않게 그리고 호의적인 방식으로 이해시키기 위해서이다."(XXIV 85)[50]

---

[50] 이와 매우 유사한 준칙들이 수많은 독일 계몽주의자들에게서도 발견된다. 예를 들면 페더Feder는 "논쟁함과 가르침의 온당한 방법에 관하여"와 "진리와 인간 오성의 본성으로부터 손쉽게 도출되는 어떤 법칙들"이라는 표제하에서 이러한 준칙들을 이야기하고 있는데, 마지막 세 법칙은 다음과 같다. "4) 호의적인 마음을 가지고 신중하게 반박하되 타인의 반박을 수용하기 5) 어디서나 이러저러한 이유에서 마음이 자극되는 것을 피하기 6) 만일 누군가가 이러한 법칙들과 명백히 다른 관습을 따른다면 논쟁을 중단하기, 그리고 바로 그러한 [상대방의] 오류를 다른 이유에서 따라해보기." (Johann Georg Heinrich

위의 명제들이 지닌 중요한 가치는, 이 명제들을 오류와 비판에 관한 전혀 다른 종류의 견해들과 대비시켜보면, 비로소 충분히 드러날 것이다. 이를테면 맑스가 『헤겔 법철학 비판Zur Kritik der Hegelschen Rechtsphilosophie』이라는 논문에서 다음과 같이 이야기한 것을 들 수 있다. 비판은 "해부용 칼이 아니다. 그것은 하나의 무기이다. 비판의 대상은 적이다. 비판은 적을 반박하려는 것이 아니라 **전멸시키고자 한다.**" "비판은 더 이상 **자체 목적**으로서가 아니라 다만 수단으로서 그 모습을 나타낸다. 비판의 본질적인 정열은 **분노**이고, 비판의 본질적인 일은 **고발**이다." "이러한 내용과 관계하는 비판은 **격투에서의** 비판이다. 그리고 격투에서는 적이 고귀한 가문인지 동등한 가문인지 또는 이해관계가 있는 자인지는 상관없고 적을 맞히는 것이 문제가 된다."[51] 맑스주의 사고에서 빈곤화와 분열 양상이 증가하고 있는 것은 무엇보다도 "다른 사람의 이성"을 진지하게 받아들이고 이런 방식으로 저 "보편적 인간 이성이 소유하게 되는, 인식의 보다 큰 재산에 관한 공동 소유자가 되는 것"(XXIII 195)[52]을 거부하는 데에 그 원인이 있을 것이다.

Feder, *Institutiones logicae et metaphysicae*, Göttingen ³1787[¹1777], pp. 133 f., §104) 또한 Friedrich Christian Baumeister, *Institutiones philosophiae rationalis methodo Wolfii conscriptae*, Wittenberg 1780(¹1735), p. 214(§524) 참조. "무엇보다도 특히 자신의 반대자로 하여금 모든 궤변적이고 부적절한 조소를 하지 말게 하라, 그러한 방법에 의해서는 확신이 획득될 수 없고 ……, 그것으로부터는 천박한 다툼〔만〕이 야기되기 때문이다."

51) Karl Marx, *Zur Kritik der Hegelschen Rechtsphilosophie*. In: *Karl Marx / Friedrich Engels, Werke*, [hrsg. vom] Institut für Marxismus-Leninismus beim ZK der SED (*MEA*), Bd. I, Berlin 1964, pp. 380 f.
52) 이 책 p. 48 참조.

두 번째, 보다 내용적인 측면을 고려한 규칙—칸트 이율배반론의 생성에서 이 규칙이 차지하는 의미는 여기에서 간략하지만 꼭 언급되어야만 할 것이다—은 다르게 생각하는 자의 인식 노력에 대해 마음을 열라는 칸트의 준칙이다. 여기서는 결코 단순한 박애주의가 아니라 무엇보다도 충분히 이해된 내 자신의 인식 관심이 문제가 되고 있는 것이다. 그러니까 단지 "도덕적" 의무가 아니라 "논리적" 의무(XXIV 397), 즉 반대되는 입장에서조차 진리의 계기를 인식하고 수용하는 의무가 문제가 되고 있는 것이다. 이 두 번째 규칙도 직접적으로 총체적 오류의 불가능성에 관한 성찰에서 기인한다. 칸트는 다음과 같이 설명하고 있다. "만약 우리가 그러니까 어떤 판단도 전적으로 틀릴 수 없다는 것을 안다면, 우리는 진리의 황금을 허위의 쓰레기 더미에서 찾아내서 분리해야지 둘 다를 동시에 내던져버려서는 안 된다. // 오류 안에 뒤섞여져 있는 진리를 같이 내던져버리게 되면 진리의 성장은 심하게 억압된다."(XXIV 396) 아디케스Adickes의 연대추정에 의하면 칸트의 초기 메모들 중 하나인 『단편』 2187에는 다음과 같은 강렬하고도 역설적인 내용이 담겨 있다. "그러므로 우리는 양편 모두가 진리를 향한 사랑으로 행하는, 견해들 간의 논쟁에 있어서 상대편이 틀린 것이 무엇인지를 찾는 것만큼이나 그가 옳은 것이 무엇인지를 찾아보아야만 한다." "공평한 검사가 확실한 곳에서는 적어도 몇몇 진리에 관한 추측은 개연적이다."(XVI 263) 『단편』 2213은 이제껏 언급된 양 규칙들을 간결하게 요약하고 있다. "진리에 관한 우리의 모든 논쟁은 친구들 사이에 있어서와 같이 공동의 관심을 지니고 있다는 것이다. …… 따라서 협력하는 식이어야만 하지, 배타적이거나 이기적 또는 자기중심적이어서는 안 된다. 나는 상대편의 옳은 것이

무엇인지를 깨닫는 것에서부터 시작해야만 한다."(XVI 273)[53]

이러한 준칙이 지니는 철학적·정치적 의미는 명백하다. 바로 두 번째 규칙은 또한 계몽, 비당파성, 관용성에 관한 천박한 이해를 피하게 하는데, 즉 그것들을 단순한 태도 또는 마음가짐의 일로서 오해하는 것을 없애는 데 특히 알맞다는 것이다. 이 규칙은 인식론적 토대, 즉 페더의 표현을 빌리면[54] "진리와 인간 오성의 본성으로부터" 유래한 "법칙들"을 드러내고 있다. 다음의 생각은 이러한 토대에 기초하고 있다. 다르게 생각하는 자의 견해를 참기만 해야 하는 것은 아니다. 왜냐하면 인간으로서의 그는 자신의 오류에 관해서조차 존경받아야만 하고 또는 적어도 '관대히 다루어져야'만—그리 하는 것이 나에게는 어렵겠지만—하기 때문이다. 다르게 생각하는 자의 견해는 오히려 무엇보다도, 내가 내 자신의 사고의 좁은 시야와 편견을 극복하고 전체적인 그리고 온전한 진리에 다가가기를 원한다면 내가 적극적으로 의지해야 할 그 무엇이다. 만일 내가 반대되는 입장에서조차 진리의 계기를 인식하고 수용할 수 있다면, 나는 보편적 인간 이성의 "보다 큰 재산"(XXIII 195)[55]에 가까이 다가설 수 있게 된다. 그리고 그러한 것을 점차적으로 소유하는 것이 계몽의 전개이다.

"다른 사람이 무엇에 있어 참된지를"(XVI 263) 인식하기 위해서는, "많은 다른 사람들이 마치 괄호에 묶여 있는 것과 같은 판단의 주관적인 사적私的 조건들에서" 벗어나서 "다른 사람의 관점"(『판단

---

53) 『빈 논리학』(XXIV 828) 참조.
54) 이 책 p. 70, 주석 50 참조.
55) 이 책 p. 48 참조.

력비판』 B 159)에 서는 것이 필연적이다. 바로 여기서 칸트에게 있어 중요한 세 번째 행위 규칙이 산출된다. 그것은 그에 의해 거듭 되풀이해서 이야기되는 "스스로 …… 모든 다른 사람의 입장에서 생각하라"는 "자유로운"(『인간학』 B 167) 또는 "넓은 사고방식"(『판단력비판』 B 159)이다.[56] 이것은 예를 들면 구체적으로 다음과 같은 것을 의미한다. 저서를 평가할 때 "저자의 관점을 취함으로써, 저서에 담겨 있는 진리의 등급을 오류로부터 분리해내고 그래서 진리를 증대시키는 것을 시도한다. 이것은 논리적이며 도덕적인 의무이다." (XXIV 397) 어느 정도로 칸트가 진지하게 이 "불변의 명령"(『인간학』 B 166)을 생각하고 있었는지는, 아마도 헤르쯔에게 1771년 6월 7일에 보낸 그의 편지에서 가장 인상적으로 읽을 수 있을 것이다. "당신은 내가 이성적인 논박을 반박할 수 있는 것으로 얕잡아보지 않으며 오히려 이 논박을 나의 판단에서 항상 숙고하고, 이 논박에 내가 마음에 들어했던 모든 선입견을 허물어뜨리는 정당함을 부여하고 있다는 것을 알고 있지 않습니까. 나는 항상 나의 판단을 다른 사람의 관점에서 중립적으로 바라봄으로써 이전 것보다는 나은 제 3의 것을 획득하기를 희망합니다."(Nr. 67: X 122)[57] 그가 이러한 준칙을 준수하지 않았더라면 『순수이성비판』을 저술하기는 어려웠을 것이다.

마지막으로 네 번째 규칙은 항상 자신의 오류를 함께 계산하려는 그리고 경우에 따라서는 인정하려는 용의用意라고 이야기할 수 있다. "그 자신의 명예에 대한 단념은 진리를 사랑하는 자의 중요한

---

56) 『논리학』 A 84; 『단편』 2273(XVI 294); 『단편』 2564(XVI 419) 참조.
57) 헤르더에게 보낸 1768년 5월 9일자 칸트의 편지(Nr. 40; X 74) 참조.

시금석이다."(XXIV 397) 유명한 자서전적인 내용을 담고 있는 『단편』 5116은 칸트 자신의 사고에서 이 준칙이 어느 정도로 강하게 작용했는지를 나타내고 있다. 또한 여기서도 다음과 같은 것이 유효하다. 즉 이 준칙을 준수하지 않았다면 『순수이성비판』을 저술하는 것은 거의 불가능했을 것이라는 점이다. 칸트는 이 『단편』에서 다음과 같이 적고 있다. "만약 누군가 진정으로 진지하게 진리를 발견하려고 숙고한다면, 그는 궁극적으로는 자기 자신의 숙고 결과를, 이것이 학문에의 공헌을 약속하는 것처럼 보인다고 할지라도, 더 이상 보호하지 않는다. 그는 배운 것과 스스로 생각한 모든 것을 전적으로 비판에 종속시킨다."(XVIII 95)

4. 계몽주의 내에서의 칸트의 위치

앞에서 언급한 4가지 준칙들은 칸트가 계몽주의의 일원이라는 것을 말해주고 있다. 이 준칙들이 독일 계몽주의 전반에 있어 가장 인상 깊은 기록물들에 속한다고 말하는 것은 결코 과장이 아니다. 이 준칙들은 계몽주의 사상 세계 그리고 계몽주의 사고와 행위의 토대가 되는 공동의 기반이 무엇인지를 알려주고 있는 것들이다. 이것들은 말하자면 계몽주의에 실제로 적용되고 있는 준칙들이다. 우리는 이러한 준칙들을 통해 보편적 인간 이성의 이념이 계몽주의의 자화상을 형성하는 데 어느 정도로 현저히 작용했는지를 알 수 있다. 앞서 행한 논의는 그러나 또한 칸트가 이러한 규칙들을 단지 실행하는 데 그친 것은 아니라는 것을 매우 분명하게 보여주고 있다. 그는 이 규칙들을 정초하고, 그 정당성을 입증하였으며, 소박한 생각을 〔명쾌한〕 사고로 전환하고, 명확히 인식되어진 것을 가지고 좋게 여겼던 것을 바로잡거나 확립하고자 했다. 그는 이러한 것을 철두철미하고 진지하게 행하고 있다. 이것이 그를 다른 많은 계몽주의자들과 구분되게 하는 점이다(이 점은 서두에서 언급한 논쟁[58]이 있게 된 근거들 중 적어도 하나일 것이다). 따라서 칸트는 다만 계몽의 아들이거나 또는 계몽주의의 가장 중요한 대표자들 중 한 사람일 뿐만 아니라, 동시에 계몽주의를 선도先導하는 사람들 가운데 하나라고 할 수 있다.

이어지는 철학의 과정을 살펴보면, 칸트가 아직 생존하고 있던 당시에도 이를테면 벡Beck에서 볼 수 있듯이 보편적 인간 이성의 이념은 점점 논의의 전면에서 뒤로 밀려난다.[59] 그리고 이미 피히테에

---

58) 이 책 pp. 44 f. 참조.
59) 벡 스스로 분명히 "보편적allgemein 인간 오성"(p. 2)에 관해 이야기하고는 있다. 여기서 "공동의gemein라는 어휘는, 매우 참된 어떤 것 그리고 아주 분명하게 모든 진리의 본래적 시금석"을 시사하고 있다.(p. 3) 그리고 그는 보편적 인간 오성을 칸트와 유사하게 "강압적 언급을 행할 수 있는" "단지 주관적인 오성"(p. 3)과는 반대되는 개념으로 사용하고 있다. 그러나 벡은 이 이념을 그에 의해 널리 알려진 "선험적 관점"(p. 8)이라는 의미로 극단적으로 새롭게 해석한다. 이렇게 이해된 "선험철학"이란 그 자체로 "공동의 인간 오성에의" 일종의 "호소"가 된다. "이러한 오성에의 호소"는 "우리의 개념들을 이해가 가능한 것으로 환원시키는 것을 의미한다. 그리고 그것은 우리가 모든 이해 가능성을 이루고 있는 것, 즉 근원적 오성 사용에 숙달할 것을 요구하는 것과 같다."(p. 7) 따라서 여기서 보편적 인간 이성의 이념은 '올바른' 관점 위에 서 있는 그리고 보편적 인간 이성에 일치하는 것이 무엇인지를 알고 있는 특정한 학파의 이를테면 사유물이 된다. 그런데 이것은 동시에 계몽주의의 본래 의도가 정반대되는 방향으로 전도된 것을 의미한다.(Jacob Sigismund Beck, *Einzig-möglicher Standpunct,*

오면, 다르게 생각하는 자를 "완전한 그리고 극단적인 부조리"[60]와 같은 것으로 주장하는 데까지 이르게 된다.[61] 독일 관념론과 맑스

aus welchem die critische Philosophie beurtheilt werden muß[*Erläuternder Auszug aus den critischen Schriften der Herrn Prof. Kant* Bd. III], Riga 1796 [Neudruck Brüssel 1968], Vorrede; unpag.)

60) Johann Gottlieb Fichte, *Friedrich Nicolais Leben und sonderbare Meinungen. Ein Beitrag zur Literargeschichte des vergangenen und zur Pädagogik des angehenden Jahrhunderts.* Hrsg. von A[ugust] W[ilhelm] Schlegel, Tübingen 1801. In: *Johann Gottlieb Fichte, Ausgewählte Werke in sechs Bänden*, hrsg. von Fritz Medicus, Darmstadt 1962[¹1910~1912], Bd. III, p. 693. "하나의 올바른 사상과는 합일되지 않는 완전한 그리고 극단적인 부조리는 그 자체로 보면 내적인 조화를 이루고 있다. 그래서 마치 진리처럼 행동을 확고하고 의연하며 일관되게 만든다." 이러한 견해가 어떤 결과를 낳게 되는지는 피히테의 다른 문장에서 분명히 알 수 있다. "니콜라이가 반박을 끝냈을 때 그가 즉각 교살되지 않은 것이 한탄스럽다."(a. a. O. p. 703) 섬뜩한 결론이 이 두 문장에서 도출된다. 다르게 생각하는 자의 모든 견해를 절대적으로 부인하는 자는, 이를 통해 실제로는 동시에 인식과 이성의 세계에서의 그의 존재를 부정하고 있는 것이다(그리고 그가 얼마나 단호하게 이러한 부정을 다르게 생각하는 자의 생물학적인 존재에까지 확장시킬 것인지는, 다만 우연에 속한 문제일 뿐이다).

61) 독일 관념론의 절대적 관점이라는 이론이 점점 독일 철학을 지배하는 어조語調가 되고 있을 때, 총체적 오류란 불가능하다는 칸트의 이론은 개별적인 관점들의 차이에도 불구하고 은밀한 곳에서 생명을 이어가고 있었다. 예컨대 다음의 전거를 보자. Gottfried Immanuel Wenzel, *Vollständiger Lehrbegriff der gesammten Philosophie, dem Bedürfnisse der Zeit gemäß eingerichtet*, 4 Bde., Linz u. Leipzig 1803~1805, Bd. I, p. 200의 다음 참조. "§54. 어떠한 오류도 전적으로 틀리지는 않고 부분적으로 그러하다. // 왜냐하면 모든 판단에는 참된 것이 깃들어 있기 때문이고, 그래서 **총체적 오류**는 없고 **부분적 오류**만 있다. 즉 모든 판단은 다만 부분적으로 틀릴 수 있다. 한 판단이 전적으로 틀렸다면, 오성의 법칙들 간의 완전한 모순을 인정해야만 한다. 즉 오성은 모순될 수 있다고 주장하는 것이다. 오성과 몰没오성이 동시에 있다는 것은 불합리할 것이다." Ders., *Elementa Philosophiae Methodo critica adornata*, 3 Bde., Linz 1806~1807, Bd. I, p. 168의 다음 참조. "§140. 총체적으로 오류인 판단은 주어지지 않는다. 어떠한

주의에서 이야기되는 '선험적transzendental 관점', '절대적 관점', '계급에 따른 관점', '올바른 의식', '당파성'과 같은 개념들은 이 이념과는 정반대되는 방향을 가리키고 있다. 따라서 칸트 탄생 250주년을 기념한다는 것은, 그를 독일 관념론 또는 더욱이 맑스주의의 선구자로 이해하고 그리고 이런 방식으로 그의 위치를 정신사에 자리매김하려는 시도와는 다른 방식이어야만 할 것이다. 칸트를 기념한다는 것은 오늘날 그의 보편적 인간 이성의 이념을 되새기는 것이다. 보편적 인간 이성이란 항상 또한 다르게 생각하는 자의 이성이기도 하다.

오류이든지 부분적[일 뿐]이다. // 총체적으로 오류인 판단은 이러한 종류의 것이리라. 즉 그 속에서 최소한의 진실도 발견되지 않는 것을 말하는데, 이것은 모든 관점에서 전적으로 잘못된 것을 뜻할 것이다. 그러나 어떠한 판단 가운데에도 여전히 다소간의 진리는 존재해야만 한다. 그러므로 총체적으로 오류인 것은 주어지지 않는다. // 우리들은 어떠한 판단 가운데에도 여전히 다소간의 진리가 존재해야 한다고 말한다. 왜냐하면 만일 이것을 획득할 수 없고 따라서 판단이 온전히 잘못된 것이라면, 오성은 오성이 될 수 없을 것이기 때문이다. 또 오성의 보편 법칙들 사이에 모순이 존재하는 셈이 되기 때문이다. 우리는 진정 이 점을 긍정할 수 없을 것이고 따라서 총체적으로 오류인 판단이 주어지리라는 사실도 또한 긍정될 수 없다. 그러므로 어떤 오류이든지 오직 부분적인 오류만이 존재할 뿐이라는 결론이 나온다." 또한 ders., *Canonik des Verstandes und der Vernunft. Ein Commentar über Immanuel Kants Logik*, Wien 1801, p. 150 참조.

성숙함에 대한 간절한 소망

계몽의 선도 이념의 기원과 몰락

1. 이념과 구호—옛 의미와 새로운 의미

'성숙'이라는 말은 지난 수년 혹은 수십 년 동안 공적인 분야에서 주도적으로 사용되고 있는 개념들 중 하나이다. 이 개념은 오늘날 확고한 위치를 차지하는, 없어서는 안 될 것처럼 보이는 정치 용어가 되었다. 모든 정당들의 정치인들은 그들의 성명서에서 '성숙한 시민들'을 운운한다. 대학생들은 '성숙한 인간'이라는 대학 평위원회의 어느 위원의 주장도 들을 수 있다. 텔레비전 방송사들은 '성숙한 시청자들'을, 의사들은 '성숙한 환자들'을 요구하고 있고, 아이펠Eifel의 시골 마을에서조차 '성숙한 신앙인들'이라는 표현이 유행하고 있다. 그 밖에도 이런 종류의 표현들을 어디에서나 쉽게 발견할 수 있다. 이런 표현들은 모두, 인간이 진정 성숙한 존재이며, 이러한 통찰로부터 올바른 결과를 이끌어내고, 인간이 자신의 성숙

됨을 외부로부터 침해받거나 억압당하지 않도록 하는 것이, 즉 그 성숙됨을 강력하게 수호하는 것이 중요하다는 사실을 많든 적든 간에 바탕에 깔고 있다. 성숙은 이런 식으로 간단하게 생각되고 있으며, 기껏해야 사람들이 그들의 정치적인 관점에 따라 상이하게 판정하게 되는 사회적 관계에 의해 좌우되는 어떤 것으로 간주된다. 또한 성숙은 많든 적든 도처에 존재하는 것처럼 보이며, 마치 온 나라가 성숙한 시민들, 인간들, 신앙인들로 가득 찬 것처럼 보인다. 그렇다. 성숙에는 아무 문제도 없는 것 같기에 국가도 성년의 시점을 아무 거리낌 없이 21세로부터 18세로 낮추어 잡지 않았던가.

그러나 성숙이라는 개념을 이렇게 사용하는 것은, 이 말의 본래 의미에 비추어 볼 때 아주 잘못된 것이다. 그러한 사용은 인간의 내면적인 취약점과 부덕함을 너무 쉽게 처리하고 있고, 또한 인간 실존이 인간에게 더욱더 분발할 것을 요구하고 있다는 사실을 간과하고 있다. 우리는 개념사적인 검토를 통해 다음과 같은 사실을 알 수 있다. 즉 18세기 독일 계몽주의의 위대한 지도 이념 가운데 하나인 이 개념이, 오늘날의 언어 사용에 있어서는 그저 한갓 구호로 타락하고 말았다는 것이다. 아무런 생각 없이 이 이념을 사용함으로써 이 이념의 본질과 본래의 통찰이 박탈되었으며, 그 모습이 완전히 반대의 이념으로 바뀌어버렸다.

이 이념이 〔오늘날〕 오용되고 있다는 사실은 우리가 이 주제와 관련된 칸트의 표현을 보면 금방 알 수 있다. "성숙"은 그에게 있어 "혁명" 없이는 생각될 수 없는 것이었다. 이 두 개념들은 그에게 있어 불가분적인 것이었다. 그러나 이때 칸트가 염두에 두고 있었던 "혁명"은 오늘날 혁명 운운할 때 그것―여기서 그것이 지닌 위험성을 경시해서는 안 될 것이다―이 뜻하는 바와는 아주 다른 것이었다. 『인간학』에서 칸트는 다음과 같이 말하고 있다. "인간 내면 안에서의 가장 중요한 혁명은 '인간이 스스로 책임져야 하는 미성숙에서 벗어나는 것'이다. 예전처럼 다른 사람들이 그를 대신하여 생각하여주고 그 자신은 그것을 그저 모방하는 것이 아니라, 또는 보행기에 의지해 [즉 남의 인도를 받아] 걷기를 시도하는 것이 아니라 이제는 그 자신의 다리로 경험의 지반 위에서, 비록 아직 어설프더라도, 혼자 힘으로 나아가기를 감행하는 것이[성숙이 의미하는 것이]다."(B 167) 성숙에 도달하려면 다른 무엇보다도 "인간 내면 안에서의 혁명", 자기 자신의 혁명을 필요로 한다고 할 때, 우리는 이러한 성숙이 의미할 수 있는 것은 무엇인가라고 묻지 않을 수 없다.

방금 소개한 텍스트에는 칸트가 자신의 글을 스스로 인용하고 있는 부분이 포함되어 있다. 칸트는 이 텍스트에서 오늘 우리가 사용하고 있는 '성숙' 개념―혹은 구호―의 원천을 발견할 수 있는 저 유명한 문장을 암암리에 언급하고 있다. 1784년 독일 계몽주의의 선도적인 매체 역할을 했던 『베를린 월보』에 실린 그의 유명한 글 『계몽이란 무엇인가라는 물음에 대한 답변』은 오늘날 자주 진지하게 인용되는 다음의 문장들로 시작되고 있다. "계몽이란 인간이 스스로 책임져야 하는 미성숙 상태로부터 벗어나는 것이다. 미성숙 상태란 타인의 안내 없이는 자신의 오성을 사용하지 못하는 무능력 상태를 말한다. 이 미성숙의 원인이 오성의 결여에 있지 않고, 다른 사람의 안내 없이 그것을 사용하려는 결단과 용기의 결여에 있을 경우, 당사자가 스스로 그 책임을 져야 한다. 그러므로 과감히 지혜롭고자 하라! 너 자신의 오성을 사용할 용기를 가져라! 이것이 계몽의 표어이다."(A 481) 계몽이란 무엇인가라는 물음에 답변하기 위해,[1] 칸트는 당시의 일반적인 답변과는 달리 성숙 개념에 주목하고 있다. 바로 이러한 그의 대답에서 의식적이든 무의식적이든 성숙 개념에 대한 오늘날의 용례가 비롯되었다.[2] 물론 칸트는 이미 자신의 인간학 강의에서 이 개념을 반복해서 사용했다. 강의 필기들 그리고 그에 상응하는 그의 유고들에는 우리의 주제와 관련된 많은 기록들이 발견된다. 그리고 이것들은 그의 계몽에 관한 글을 올바르게 이해하는 데 중요한 자료들이다.

2. 법률 개념과 철학 개념으로서의 '성숙' 및 '미성숙'

이러한 계몽의 정의가 지니는 정확한 의미와 지향점을 이해하기 위해서는, 칸트가 성숙 및 미성숙의 세 가지 형태를 확실하게 구분하고 있다는 사실을 분명히 알고 있어야만 한다. 그가 계몽의 기본 요소와 목표로 염두에 두고 있는 성숙은, 이 개념이 일상적으로 사용될 때 뜻하는 그러한 것이 아니다. 일상 대화에서 '성숙' 혹은 '미성숙'이라는 말은 무엇보다도 우선 법률적인 의미를 지닌다.[3] 바로 이

1) 이 물음의 역사적인 유래에 관해서는 Norbert Hinske (Hrsg.)의 *Was ist Aufklärung?, Beiträge aus der Berlinischen Monatsschrift*, In Zusammenarbeit mit Michael Albrecht ausgewählt, eingeleitet und mit Anmerkungen versehen von Norbert Hinske, Darmstadt ²1977(¹1973), Einleitung, III: "Die Frage Zöllners", pp. XXXVII ff. 참조.
2) 칸트의 성숙 개념이 미친 영향의 역사에 대해서는 Werner Schneiders, *Die wahre Aufklärung, Zum Selbstverständnis der deutschen Aufklärung*, Freiburg u. München 1974, pp. 68 f, 112, 116, 142, 159, 166, 183 f. 참조.

러한 의미로 칸트 역시—자신의 시대의 용어 사용법에 따라서[4]—
"시민적인 사안들에 있어서의" 미성숙에 관해 언급하고 있다.(『인간학』 B 135) 그에 의하면 이러한 미성숙은 두 가지 원인에서 비롯된다. 그것은 단순히 "연령상의 미성숙"(『인간학』 B 135), 즉 "햇수의 부족"(Ebd. 수고手稿)에서 비롯될 수도 있으며, 또는 "시민적인

---

3) Robert Spaemann, *Autonomie, Mündigkeit, Emanzipation, Gegen die Ideologisierung von Rechtsbegriffen*. In: *Erziehungswissenschaft 1971*, hrsg. von Siegfried Oppolzer, Wuppertal 1971, pp. 317 ff. 참조. 이 글은 요약된 형태로 다음 저서에 재수록되어 있다. *Zur Emanzipation verurteilt, Der Preis unserer Mündigkeit* (Herderbücherei INITIATIVE 6), hrsg. von Gerd-Klaus Kaltenbrunner, Freiburg, Basel, Wien 1975, pp. 166 f.

4) Christian Wolff, *Vernünftige Gedancken Von den Kräften des menschlichen Verstandes Und Ihrem richtigen Gebrauche in Erkänntniss der Wahrheit*, [14]1754([1]1713)(*Christian Wolff, Gesammelte Werke*, hrsg. von Jean École u. a., Abt. I, Bd. I, hrsg. und bearbeitet von Hans Werner Arndt, Hildesheim 1965), p. 124(§4)의 다음 참조. "아직 나이로 인해 자기 자신을 부양하거나 돌볼 수 없는 사람을 떠올릴 때, 나는 미성숙이라는 개념을 지니게 된다." 더 나아가 Heinrich Adam Meißner, *Philosophisches Lexicon, Darinnen Die Erklärungen und Beschreibungen aus des salu.[o] tit.[ulo] tot.[o] Hochberühmten Welt-Weisen, Herrn Christian Wolffens, sämmtlichen teutschen Schrifften seines Philosophischen Systematis sogfältig zusammen getragen*, Bayreuth u. Hof 1737[neu hrsg. von Lutz Geldsetzer, Düsseldorf 1970] pp. 389 f.의 다음 참조. "자식이 친권으로부터 자유로울 경우, 그 자는 성숙한maiorenn 사람이다." p. 676 의 다음 참조. "아직 나이 때문에 자기 자신을 부양하거나 돌볼 수 없는 사람은 미성숙한minorenn 자이다. (Log. Cap. 1 §. 4.) 친권의 보호를 받고 있는 자식은 미성숙한 자이다.(Pol. §. 119.)" 계몽에 대한 칸트의 유명한 글이 발표된 지 50년이나 이후에 나온 Wilhelm Traugott Krug, *Allgemeines Handwörterbuch der philosophischen Wissenschaften, nebst ihrer Literatur und Geschichte. Nach dem heutigen Standpuncte der Wissenschaft bearbeitet*, 4 Bde. 및 Suppl.-bd., Leipzig [2]1832~1838[Neudruck Stuttgart-Bad Cannstatt 1969 및 Brüssel 1970], Bd. II, p. 940에서조차 이 개념의 사용은 전적으로 법률적인 영역으로 제한되어 있다.

사안들에 관한 법률적인 제도"(『인간학』 B 135)에서 비롯될 수도 있다. 예를 들어 자신의 업무를 더 이상 스스로 처리할 수 없게 된 사람이 "국가에 의해 이미 그가 획득한 성숙의 상태"(『인간학』 B 137)를 다시 잃게 되었을 경우, 즉 금치산 판결을 받은 경우를 말한다. 이처럼 칸트는 한편으로는 "**자연적인**" 미성숙(수고)과, 다른 한편으로는 "**법률적 혹은 시민적 미성숙**"(『인간학』 B 135)을 서로 구분한다. 이에 상응하는 라틴어 용어, 즉 칸트가 동의어로 계속 사용하는 개념들은 '성년maiorennitas'과 '미성년minorennitas'이지—역시 그 본래 의미를 법률 분야에서 찾을 수 있는—'부권 해제emancipatio'[5]는 아니다.[6]

[5] '부권 해제Emantipation' 개념은 칸트의 출간 저서 중에서는 특이하게도 오직 『도덕형이상학』의 1부인 『법론』에서만 한 번 등장한다. "이러한 의무로부터 자녀의 …… 교육에 관한, 즉 실용적인 관점에서뿐 아니라 …… 도덕적인 관점에서도 …… 자녀를 길러야 할 권리와 교육에 관한 권리가 필연적으로 발생한다. 그리고 이 모든 것은 부권 해제emancipatio의 시기까지 지속되는 바, 이 시점을 경계로 하여 부모들은 자녀들에게 명령할 친권을 포기할 뿐만 아니라, 그때까지의 부양과 수고에 소요된 비용 상환에 대한 모든 요구를 단념하는 것이다." (『법론』 A 114)

[6] Alexander Gottlieb Baumgarten, *Metaphysica*, Halle [4]1757([1]1739), Psychologia empirica [wiederabgedruckt in: *Kant's gesammelte Schriften*, hrsg. von der Königlich Preußischen Akademie der Wissenschaften, Bd. XV, Berlin u. Leipzig [2]1923 ([1]1913)], pp. 234 f.(§639) 참조. "대화에서 요청되는 만큼의 오성을 아직 사용하지 못하는 자는 어린이INFANS이며, 사회적인 삶의 중대한 용무에 있어서 일반적으로 요구되는 만큼의 오성을 사용하지 못하는 자는 **자연적인 미성년자**NATURALITER MINORENNIS이다. 그리고 사회적인 삶의 중대한 용무에 있어서 일반적으로 요구되는 만큼의 오성을 사용하는 자가 **자연적인 성인**NATURALITER MAIORENNIS이다."[XV 37] 칸트가 사용한 '성숙'이라는 단어의 원천은 바로 이곳이다. 이 단어가 등장하는 인간학 유고의 메모는 그가 인간학 강의 교재로 사용한 『형이상학』의 "경험심리학"에 나오는 바로 이 절에 관한 것이다. 특히 『단편』 528(XV 229) 참조. 성숙이라는 개념

칸트는 법률적 영역에 속하며 그래서 동일한 차원에 놓여 있는 이러한 두 종류의 성숙 내지는 미성숙 이외에도 완전히 다른 종류의 성숙, 즉 세 번째 종류의 성숙을 이야기한다. 그것은 "시민적인 사안들"에 관여하는 것이 아니라, 개인의 내면적인 관점, 그의 "사고" 그리고 그가 삶에 대하여 지니는 근본적인 태도에 관여한다. 그것은 "국가에 의해서" 인간에게 주어지는 것이 아니라 인간 자신이 성취해야 하는 것이다. 그것은 타인이 그에게서 빼앗아갈 수 없는 "스스로의 노력"과 "스스로 행위하기"(『논쟁』 A 31 f.)에 관한 것이다 (앞에서 인용된 칸트의 "인간 내면 안에서의 혁명"이라는 표현도 이러한 문맥에서 사용된 것이다). 슈나이더스Schneiders의 정확한 설명에 의하면, "성숙은 하나의 도덕적인 성취이다. …… 계몽은 한 의지 행위에서 출발하는 바, 인간은 이 의지 행위를 통하여 자신을 스스로 일으켜 세우고 스스로 책임지게 된다."[7] 우리는 이 세 번째 형태를 일단 인간학적 혹은 **도덕적** 성숙 내지는 미성숙이라 명명할 수 있을 것이다. 칸트 스스로도 법률적인 성숙과 도덕적인 성숙 사이에 존재하는 근본적인 차이를 반복하여 아주 명확하게 지적하고 있다. 1790년대의 인간학 강의에는 다음과 같은 언급이 나온다. "미성숙은 1. 일, 2. 사고와 관련될 수 있다. 인간이 스스로 생각하는 자신의 능력을 조금도 신뢰하지 않을 때, 우리는 사고에 있어서의 미성숙을 말한다."(『인간학 강의』 p. 88 f.) 이 시기에 행해진 다른 인간학 강의에서 칸트는 〔그러한 불신이〕 "자기 자신의 책임으로

은 이로써 법률적 차원 이외에 심리학적-인간학적 차원을 획득하게 된다. 그리고 이 개념을 계속 분석해보면 결국 도덕적 개념으로서의 성숙에 이르게 된다.
7) Schneiders, Die wahre Aufklärung, a. a. O. pp. 52 f.

인해"〔발생할 때〕라는 표현을 덧붙이고 있다.[8] 앞에서 인용한 『계몽』에서 칸트는 "스스로 책임져야 하는" 미성숙이라 표현함으로써 이러한 미성숙을 **자연적인** 미성숙과 **법률적인** 미성숙으로부터 구분하고 있다.

성숙 개념을 18세기에 이 개념과 인접해서 사용되던 개념인 '스스로 생각하기Selbstdenken'와 비교하여 구분해보면, 위에서 언급된 세 번째 성숙 개념이 의미하는 바가 아마 매우 잘 드러날 것이다. 독일 계몽주의는 칸트의 『계몽』이 발표되기 이전에는 자신의 프로그램을 바로 이 '스스로 생각하기'라는 개념을 통해 표현하고 있었다. 이미 앞의 인용문에 나타나 있듯이 칸트 자신도 이 표현을 매우 강조하여 사용하고 있다. 다른 논문인 『방향 정하기』에서 그는 다음과 같이 분명하게 설명하고 있다. "'항상 스스로 생각하자'라는 준칙이 계몽이다."(A 329) 이제 우리의 절박한 물음은 다음과 같다. 무엇이 칸트로 하여금 이러한 전통적인 개념을 1784년에, 즉 프리드리히 대왕이 죽기 2년 전에, 상당한 반발을 예상하면서도 생소하고 아직 다의적인 개념이던 성숙으로 대치하게 하였고, 또 이 개념을 가지고 설명하게 하였는가?

---

8) *Aus Kants Vorlesungen über Anthropologie nach einem ungedruckten Kollegheft vom Wintersemester 1791~1792*〔이하 『인간학 1791~1792』로 인용〕, in: *Philosophischer Kalender für 1925 im Zeichen Immanuel Kants*, hrsg. von Arnold und Elisabeth-Maria Kowalewski, Berlin 1925 [wiederabgedruckt in dem Neudruck: *Die philosophischen Hauptvorlesungen Immanuel Kants, Nach den neu aufgefundenen Kolleghefien des Grafen Heinrich zu Dohna-Wundlacken*, hrsg. von Arnold Kowalewski, Mit einem Nachtrag, Hildesheim 1965(¹1924), Anhang], pp. 89~93. "성숙Majorennität(Mündigkeit)과 미성숙Minorennität(Unmündigkeit)에 관하여" 중 특히 p. 92 참조.

개념사적으로 보면 이 물음은 '미성숙' 개념이 법률적인 옛 의미 이외에 18세기에 새롭게 부여받은 신학적인 의미를 지적함으로써 어느 정도는 대답될 수 있다. "그러나 내가 이르노니, 만일 상속자가 미성숙 상태라 하면 비록 그가 모든 물건들의 주인이라 하여도, 노예와 다를 바 없느니라." "그러므로 우리가 미성숙 상태에 있었으니, 우리 또한 노예 상태에 머물렀던 것이니라"라고 「갈라디아서」 4장 1절 이하에[9]—루터의 번역에는 나와 있지 않다—적혀 있다. 이처럼 '성숙'과 '미성숙'은 분명 기독교적인 삶의 근본적인 특징이었던 것이다. 그러나 이 같은 개념사적 설명은 실질적인 대답이 되지 못한다. 그러므로 칸트가 새로운 용어를 사용하게 된 실질

---

9) BIBLIA PENTAPLA, *Das ist: Die Bücher der Heiligen Schrift Des Alten und Neuen Testaments / Nach Fünffacher Deutscher Verdolmetschung / Als I. Der Römisch-Catholischen / durch Caspar Ulenberg, Theol. Lic. II. Der Evangelisch-Lutherischen / durch Martin Luther, Theol. D. III. Der Evangelisch-Reformirten / durch Johann Piscator, Theol. Prof. IV. Der Jüdischen / im Alten Testament / des Joseph Athiae, und Der Neuen / im Neuen Testament / durch Joh. Henrich Reitzen, V. Der Holländischen / auf Verordnung der Herren General-Staaten*, gedruckt und verlegt durch Herman Heinrich Holle, Schiffbeck bei Hamburg 1711, Bd. 3: *Das Neue Testament / Oder: Der Neue Bund ···, Nach den gebräuchlichsten 4. hochdeutschen Ubersetzungen nebst der Holländischen / da immer eine die andere erkläret*, gedruckt und verlegt durch Herman Heinrich Holle, Wandesbeck bey Hamburg 1710, p. 624. 칸트의 메모(XX 158)가 「갈라디아서」 4장 1절을 암암리에 염두에 두고 있다는 것을 부인하기는 어렵다. "인간은 누구나 자신의 신분에 상응하는 복종의 의무를 지니고 있는데, 노예의 복종, 신하의 복종 그리고 아들의 복종이 그것이다. 그리고 이에 상응하는 주인의 권한, 군주의 권한, 부친의 권한이 입법의 권위에 의해 성립하고 있었다." 18세기의 '성숙' 개념이 내포하고 있던 신학적 의미에 대해서는 Hinske (Hrsg.), *Was ist Aufklärung?*, a. a. O. pp. 547 ff. 참조.

적인 근거가 어디에 있는지 다시 묻지 않을 수 없다.

'스스로 생각하기'라는 개념은, 단어상의 의미로만 보면, 단지 인식의 차원에만 관여한다. 즉 그것은 오로지 오성의 과제인 것처럼 보인다. 반면에 '성숙'은 전체로서의 인간에 관여한다. 그것은 가장 먼저 인간의 행위와 "일", 실천을 고려하며, 따라서 인식함 이외에 의욕함까지 포함한다. 그러므로 그것은 주지주의적인 계기보다는 오히려 주의주의적인 계기를 강조한다. '성숙'이라는 개념을 사용한 것은 이처럼 신학적인 여운이나 어떤 독특한 새로운 표현보다 많은 것을 의도하고 있는 바, 그것이 표현하고자 하는 것은, 계몽은 단지 오성, 즉 "스스로 생각하기"의 문제에 그치는 것이 아니라 "스스로 행하기"(『논쟁』 A 32), 즉 결단, 스스로 책임지기, 모험심, 용기의 문제라는 점이다. 계몽은 그저 지성의 결과일 뿐만 아니라 성격의 결과이기도 하다. 그것은 스스로 일어서려 하고, 또 자신이 자연적인 성숙이나 법률적인 성숙에 도달할 수 있는 가능성을 자기 자신의 사고와 결단으로 실제로 실현시킬 준비가 되어 있는 개개인에 달려 있다. 계몽은 그러므로 지배적인 편견, 시대의 유행들, 불확실한 여론들, 선전 문구의 암시적인 힘, 이데올로기들의 흡인력 등에 의해서뿐만 아니라, 그러한 것들이 조장하는 비겁함과 안락함에 의해서도 위태롭게 된다. 계몽은 외부적 요인들보다 앞서서는 아닐지라도 [적어도] 그것들과 동시적으로는 내부적 요인으로 인해 위태롭게 된다. 계몽은 모험을 감행하지 않으려는 인간들의 성향에 의해 위협받는 것이다. 칸트는 비교적 이른 시기에 행한 인간학 강의에서 다음과 같이 말하고 있다. "누군가가 아주 안락한 삶을 원한다면 그는 자신을 대신해서 기억해줄[10] 어떤 사람을 가져야만 할 것이고, 또 자신을 대신하여 지성을 사용해줄 또 다른 사람을 가져야만 하며, 자신을 대신하여 판단해줄 또 어떤 다른 사람을 가져야만 할 것이다. 그러나 결국 중요한 것은, 모든 사람들이 성숙해지도록 스스로 노력하여야 한다는 점이며, 자신의 모든 의무를 혼자 힘으로 행할 것을 시도해야 한다는 점이고, 그렇게 함으로써 타인의 이성에 기댈 필요가 없어야 한다는 사실이다."(『인간 탐구』 p. 223)

3. 성숙에 대한 내적인 위협과 외적인 위협

칸트는 인간이 모험심을 발휘하지 않을 때 또 자신의 능력을 사용하지 않을 때 어떠한 결과를 빚을 수 있는지에 대하여 자신의 학생들에게 하나의 특징적인 사례를 들어 설명하고 있다. 그가 예로 든 것은 놀랍게도 예속적인 신하의 모습이 아니라 스페인의 펠리페 4세, 즉 절대 군주였다. "그는 자신의 임종 직전에도, 이미 언제나 그를 지배해오던 자신의 고해 신부로 하여금 자신이 처리해야 할 용무에 대한 글을 쓰게 하였다. 그 글이 완성되자 왕은 아주 만족해했다. 그러나 이제 그 왕은 그 글에 들어 있는 자신의 제안들마저 자신의 명령을 통해 실행하고 싶어하지 않았고, 이것조차 그 고해 신부에게 맡겼다."(『인간학 강의』 p. 88) "말하여진 것은 …… 고해 신부가 책임지도록 되어 있었고 자신은 책임지려 하지 않았다." (『인간학 1791~1792』 p. 90) 이 예가 고해성사의 본래 의미에 걸맞든

---

10) 『단편』 375(XV 149); 『인간학 1791~1792』 p. 92 참조.

아니든. 언뜻 보기에 그것은 이미 오래전에 사라진 세계에서나 있을 수 있는 이야기처럼 여겨진다. 그래서 이 예는 그 이후에 계몽이 성취한 빛나는 진보를 아주 뚜렷하게 보여주고 있는 것처럼 보인다. 자신의 용무를 고해 신부에게 의뢰하는 통치자—이것은 아주 먼 과거에 속하는 일처럼 생각된다. 그러나 우리가 이 예를 곰곰이 생각해보고, 오늘날 정부 기관에서 전문가들이나 홍보 대행 전문가들, 이데올로기의 제공자들 등이 수행하는 역할을 머릿속에 떠올려본다면, 때로는 스페인의 펠리페 4세가 우리와 정말 그렇게 멀리 떨어져 있는가 하는 의구심이 들기도 할 것이다. 고해 신부를 단순히 다른 사람으로 대치하는 것만으로는 아직 계몽이 아니다. 칸트가 이해한 성숙은 그러한 것과는 다르다.

칸트가 이와 관련하여 반복해서 언급하고 있는 중요한 한 측면은 개인이 학문에 대하여 가지는 관계, 혹은 칸트가 사용한 18세기 용어로 표현하면, 개인이 소위 "상위의 학부들", 즉 신학, 법학, 의학에 대하여 가지는 관계에 관한 것이다. 여기서도 칸트는, 스스로 노력하지 않고, 자신의 행위에 대한 책임을 떠맡지 않으며, 결단의 모든 부담을 다른 이들에게 전가하려는, 그래서 스스로 성숙해지기를 포기하려는 인간의 성벽性癖을 발견한다. 칸트는 이러한 성벽이 다음과 같이 표현된다고 한다. "나는 …… 학자인 너희들로부터 아래와 같은 것들을 알고자 한다. 내가 비록 **방탕**하게 살았을지라도 죽음을 앞두고, 어떻게 하면 천국으로 들어갈 수 있는 입장권을 얻을 수 있을 것인가. 내가 비록 **잘못**을 범했을지라도 어떻게 하면 소송에서 승리할 수 있을 것인가. 내가 비록 나의 육신을 제멋대로 굴리고 **오용**했을지라도 어떻게 하면 건강을 유지하고 오래 살 수 있을 것인가. 너희들은 어쨌든 공부를 한 사람들이니 건강한 오성을 사용하려 하지 않는 (너희들이 천치라고 부르는) 우리들 중 누구보다도 많이 알 것이다." 칸트는 다음과 같은 주석을 달기도 한다. "이처럼 대중들은 마치 초자연적인 능력에 의해 비법을 알고 있는 예언가들이나 마법사들을 대하듯 학자들을 대한다. 무식한 사람은 그가 무언가를 기대하는 학자에 대해 기꺼이 과장된 개념을 만들고자 하기 때문이다." 그러한 사람은 자신이 "그렇게 재주가 많은 지도자에게 수동적으로 스스로를 내맡김으로써 …… 모든 일을 스스로 행하지 않아도 되며, 아주 편안하게 의도한 목표들에로 인도될 것이라 생각한다."(『논쟁』 A 31 f.) 『단편』 1508에서도 같은 의미의 언급이 나온다. "학자들의 후견 상태하의 미성숙은 세 가지임."(XV 822) 의식 있는 독자라면 여기서도 다시 현재의 계몽 수준에 대해 의문이 들 것이다. 즉 지금 우리 개개인의 성숙 정도는 어떤 상태에 있는가 하는 의문이 들 것이다. 전체 생활 속에서 학문[여기서 학문은 개별 과학들을 의미한다고 이해하면 될 것이다]이 차지하는 비중이 증가함에 따라 우리 사회가 학문에게 거는 기대도 그만큼 더 커졌다고 할 수 있다. 이를테면 '학문에 의해 검증된 결과' 운운하는 표현은 직접 학문에 종사하지 않는 (그렇기 때문에 학문의 불확실성에 대해 익숙하지 않은) 사람들이 흔히 사용하는 표현이다. 오해를 피하기 위해 다시 칸트를 인용해보자. [내가] 강의한 내용은 학문의 작업에 반대하기 위한 것이 아니다. 그것은 "학문의 가르침을 붕괴시키려는" 의도를 갖지 않으며, "단지 공중公衆들이 미신에 의해 그 가르침에게 …… 부여하는 마술적인 힘에 반대하려는 것이다."(『논쟁』 A 32)

현대의 의식 상황에 관한 한 지금까지 언급한 것은 빙산의 일각을 확인한 것에 불과하다. 지난 수백 년간 인간 사회는 개인의 의존 상태를 더욱 강화시켜왔다. 국가는 사회국가 내지는 복지국가 건설이라는 구호하에 항상 새로운 사회보장제도들을 도입하였고, 그것들을 하나의 '그물망'으로 연결시켜놓았다. 이러한 현상에 관해 번스타인Eduard Bernstein은 이미 1901년 푸리에Fourier의 뒤를 이어 "보증주의Garantismus" 혹은 "보장Gewährschaften" 등과 같은 개념을 사용하였다. 그는 다음과 같이 적고 있다. "현대의 사회 개혁을 전체적으로 보면 공공 분야의 개혁과 마찬가지로 하나의 보장 제공 시스템을 채택하고 있음을 알 수 있다. 즉 모든 가능한 우연적인 사고나 손상에 대한 보험이 그것이다."[11] 이러한 흐름과 맞물려서 개개인들이 스스로 자신들의 삶을 꾸려나가는 데 필요한 과제들―그들은 오늘날에도 이것들을 스스로 잘 떠맡을 수 있음에도 불구하고―을 타인의 판단에 넘기려는 성향이 증가하였다. 이러한 성향이 얼마나 성숙의 본래 의미와 대립하며, 국가에 의한 개인의 점진적인 탈성숙화라는 위험을 초래할지는 앞에서 이미 분명히 드러났다.

칸트는 시민 개개인의 성숙에 대한 이러한 장해 요소가 증대되고 있다는 사실을 아주 또렷하게 인식하고 있었던 것 같다. 그의 비판의 일차적인 대상은 어떤 하나의 폐해―그것이 아무리 잘못된 것일지라도―가 아니라, 헌법상의 "목적"(『속언』 A 232 ff.)이나 권리를 오해하여 국민의 행복 내지는 복지를 자신의 과제로 떠맡으려는 국가

---

[11] Eduard Bernstein, *Wie ist wissenschaftlicher Socialismus möglich?*, Berlin ²1901(¹1901), p. 44.

이다. 1790년대의 인간학 강의에는 "성숙과 미성숙에 관하여"라는 제목하에 다음과 같은 내용이 나온다. "신민들의 복지를 책임지고자 하는 자연적 통치 형태natürliche Regierung가 가장 위험하다. 왜냐하면 여기에서는 바로 그 신민들이 강요 상태에 놓이게 되고 어린 애들처럼 취급받기 때문이다. 그리고 이때 통치자는 '국민의 아버지'라는 칭호를 갖게 된다.[12] 왕은 정의를 수호하여 모든 국민들의 권리가 결코 침해받지 않도록 하여야 한다. 그러나 신민들의 행복을 …… 그가 돌보아줄 수는 없다. 그것은 오히려 각자의 몫이다. …… 정의는 왕이 보살펴야 하지만 각자의 복지는 그가 보살필 수 없는 것이다. 각자가 자신의 삶을 사는 것이기 때문에 그것은 전체적으로 관리될 수 있는 것이 아니다."(『인간학 1791~1792』 pp. 91 f.)[13]

위의 내용은 복지 국가—"자연적 통치 형태"—에 대한 칸트의 비판이 내적인 필연성을 가지고 생겨나게 된 중요한 이유 내지는 핵심적인 근거를 적어도 암시적으로 언급하고 있다. 행복에 대한 사람들의 생각은 서로 너무나도 다르기 때문에 하나의 공통분모를 구할 수도, 또 "전체적으로" 관리할 수도 없다. "각자가 자신의 삶을

---

12) 『단편』 532(XV 231) 참조. "아버지로서 행동하려는 왕들은 그들의 신하들을 어린아이처럼 취급한다. 그래서 신하들의 생계와 행복을 그들 자신만이 떠맡으려 한다. …… 먼저 사람들이 자기 자신을 지배할 수 없게 만들며, 그 다음에는 그 사람들이 자기 자신을 지배할 수 없다는 것을 가지고 전제정치를 정당화한다." 나아가 『단편』 1449(XV 633)도 참조할 것.
13) 『인간학 강의』 p. 364 참조. "어떠한 정부도 신민을 행복하게 만들어주려고 시도해서는 안 된다. 신민은 스스로 그렇게 되도록 노력하여야 하며, 이때 정부는 단지 소극적인 역할만 해야 한다. 즉 어느 누구도 타인에게 악한 일을 행하지 못하도록 막는 일만을 담당해야 한다."

사는 것이기 때문에" 행복이 무엇인가는 오로지 각자가 개인적으로 정의 내릴 수 있을 뿐이다. 바로 이 때문에 이러한 문제에 있어서 모든 형태의 국가 '관리주의Dirigismus'는 불가피하게 미성숙을 야기하게 된다.

칸트는 1793년 『속언』에서 이러한 생각을 아주 명확하게 전개하였다. "행복에 …… 관해서는 법칙으로 통용될 만한 보편타당한 원칙이 있을 수 없다. 각자가 자신의 행복을 그 속에서 정립하고 있는 (어디에서 그것을 정립하여야 마땅한가 하는 것은 어느 누구도 지시할 수 없다) 시대의 상황이나 서로 첨예하게 대립하고 늘 변화무쌍한 망상으로 인해 모든 확고한 원칙들이 정립되는 것은 불가능해지며 자신만을 위한 입법의 원리 또한 쓸모없게 된다."(A 252)[14] 이것을 적극적인 방식으로 해석해보면 다음과 같은 뜻을 내포하고 있다. "어느 누구도 자신의 방식대로 (그가 타인의 행복에 대해 생각하는 바에 따라서) 행복해질 것을 내게 강요할 수는 없다. 자신과 유사한 목표들을 추구하는 타인들의 자유를 …… 침해하지만 않는다면, 각자는 자신이 좋아하는 방식대로 자신의 행복을 추구할 수 있는 것이다."(『속언』 A 235 f.)[15] 이것은 물론 부득이하게 다음과 같

---

[14] 『정초』 B 46 f., 『단편』 2204(XVI 270) 및 이 책 pp. 109 ff., 주석 12 참조.
[15] 칸트 철학은 이 문제 역시 우리가 일반적인 칸트의 이미지로 생각할 수 있는 것보다 훨씬 더 구체적으로 다루고 있다. 칸트의 글을 읽다 보면 자신의 시대 상황에 대한 그의 날카로운 비판을 거듭 반복해서 마주치게 된다. 예컨대 그는 『도덕형이상학』에서 다음과 같이 묻는다. "타인에 대해 국법이 허용한 주권을 행사하는 자가, (재산의 일부인 세습 노예의 경우에서와 같이) 그 타인이 자신의 선택에 따라 행복해질 자유를 그로부터 빼앗고, 또 자신이 행복에 대해 이해하고 있는 바에 따라 자신이 마치 그의 아버지인 양 그 타인을 돌본

은 것을 의미하기도 한다. "사람은 자신의 임의대로 바보가 될 수 있는 자유를 가져야만 한다."(『단편』 528; XV 230) "만일 사람이 바보가 될 자유를 전혀 갖지 못한다면, 그는 결코 현명해질 수도 없다. 왜냐하면 사람은 결코 현명하도록 강요될 수 있는 것이 아니라, 자신이 훌륭한 삶을 위한 원칙을 스스로 채택해야만 하기 때문이다."(『인간학 1791~1792』 p. 91)[16]

이러한 인간학적 사실로부터 칸트가 이끌어낸 결론이 바로 "자연적 통치 형태", "가부장적 통치권 imperium paternale"(『속언』 A 236)에 대한 비판인 것이다. 이것은 그의 인간학 강의에서도 명백히 드러나고 있다. "자식들에 대한 아버지의 사랑과 유사한, 국민에 대한 호의의 원칙에 기초하고 있는 정부는, …… 신민들을 마치 진정으로 무엇이 그들 자신에게 유익하거나 해로운 것인지를 모르는 어

다고 할 때, 그러한 자는 과연 자신을 은인으로 간주할 수 있는 것일까? …… 또는 그러한 선행의 공로가 커서 〔침해받은〕 인간의 권리를 보상할 수 있을 정도인가?" 칸트는 대답한다. "나는 누구에게도 결코 내 자신의 행복관에 따라 선행을 베풀 수는 없으며 (미성년자나 정신 장애인의 경우는 제외하고), 내가 선물을 강제로 들이밀면서 선행을 베풀고 있다고 생각하는 바로 그 상대방의 관점에 따라서만 그럴 수 있을 뿐이다."(『덕론』, A 125 f.) 모든 역사적 시기에서 스스로 자신의 행복을 정의할 "인간 권리"가 가장 위협받았던 경우를 알아내는 일은 분명 판단력의 문제이다. 우리가 살고 있는 시대에서는 그러한 위협이 자신들의 "세습 노예들"을 행복하게 해주려는 개별 영주들의 선행 때문에 발생한다고 보기는 어렵다. 오히려 우리는 오늘날 복지 국가의 대변인 역할을 하는 거대한 사회 관료 체제가, 아마도 그것의 의지에 반하여, 개인의 스스로 책임지기를 진정으로 위협하고 있지는 않는가 하고 물어야만 할 것이다.

16) 여기에서도 칸트의 유고와 강의 필기들 사이의 상관관계가 분명하게 드러나는 바, 『단편』 528(XV 229 f.)은 칸트가 자신의 인간학 강의에서 '성숙' 개념을 설명할 때 사용했던 메모들임이 분명하다. 이 책 pp. 55 f., 주석 18 참조.

린애처럼 취급하며, 그들이 어떻게 행복해야만 하는지를 국가 최고 통치자의 판단에 …… 맡기도록 하여 그저 수동적으로 처신하게끔 만든다. 이러한 통치 형태가 전제주의 가운데에서도 가장 심각한 전제주의이다." 즉 "그것은 신민들의 모든 자유를 없애며, 결국 그들의 모든 권리를 앗아간다."(『속언』 A 236) 칸트의 주장을 계속 들어보자. "여기서 우리는 행복의 원리가 …… 역시 국가 권력 내에서 악에 관해서도 무엇을 야기할 수 있는지를 명백하게 인식할 수 있다. …… 군주는 국민을 자신의 마음대로 행복하게 만들고자 할 것이고 그 결과 전제자가 되는 것이다."(『속언』 A 261)

  칸트가 이상과 같은 맥락에서 항상 반복해 사용하고 있는 전제주의 개념[17]이 통상적인 그 개념과 의미가 다르다는 점은 분명하다. 그것은 전제에 대한 일상적인 생각에 정면으로 대립하고 있다 해도 과언이 아니다. 칸트의 개념은 보다 사려 깊으면서도 동시에 더욱 예리한 통찰력을 담고 있다. 그것이 초점을 맞추고 있는 것은 우연한 폐해의 사례들이 아니라 원리의 문제이다. 그것은 적나라한 전제주의만을 겨냥하고 있지 않고, 역사적으로 매우 다양한 형태를 띠고 나타나는 것들의 배후에서 모습을 드러내고 있지 않은 은밀한 전제주의까지 계산에 넣고 있다. 그것에 의하면 독재자의 본질은, 자기 자신은 행복하게 살며 국민들의 행복에 대한 지분을 억류하는 데 있는 것이 아니다. 진정한 의미의 독재자는 국민들에게 자기 자신의 방식대로 행복해질 것을 강요하고, 그렇게 함으로써 그들이 내면적인 성숙에 이르는 길을 지속적으로 가로막는 자이다.

---

17) 이 책 p. 93, 주석 12 참조.

칸트가 오늘날의 언어 사용에서와는 달리 부정 개념인 '미성숙'이란 단어를 선호한 사실은 우연이라 보기 어렵다.[18] 예를 들자면 그는 계몽을 인간의 내면적인 성숙 과정이라 하지 않고, "계몽이란 인간이 스스로 책임져야 하는 미성숙 상태로부터 벗어나는 것"(『계몽』A 481)이라고 적고 있다. 칸트가 이렇게 부정적 표현 방식을 채택하고 있는 배경에는, 성숙에 이르는 길이 머나먼 내면의 길이며, "모든 인간들이 성숙해지도록 스스로 노력해야만"(『인간 탐구』p. 223) 하나, 그것은 멀리 있는 목표로서 개인이 아무리 애써도 단지 불완전하게만 도달할 수 있는 이상理想이라는 그의 통찰이 자리 잡고 있는 것 같다. "인간을 이루고 있는 휘어진 나무로부터는 아주 반듯한 목재가 나올 수 없다"(『이념』A 397)는 우울한 문장이 아마 여기서도 적용될 것이다. 칸트는 미성숙의 상태를 벗어나는 일이 대단히 어려우며, 바로 "인간 내면 안에서의 혁명"(『인간학』B 167)을 요구한다고 생각한 것 같다. 만일 계몽이 그러한 상태를 실현할 수 있다면 그것은 이미 대단한 성취인 셈이다. 칸트는 그러나 모든 사람들이 모든 사람들에게 그들의 성숙 여부를 아무 어려움 없이 보증하는 시대가 오리라고는 예견하지 않았다.

---

18) '미성숙'이라는 명사는 칸트의 생존 시 출판된 저서들에서 모두 19회 나오는 반면, '성숙'은 단지 3회 등장한다. 형용사인 '미성숙한'과 '성숙한'의 경우도 이와 흡사하다. *Allgemeiner Kantindex zu Kants gesammelten Schriften*, hrsg. von Gottfried Martin, Bd. XVII: *Wortindex zu Kants gesammelten Schriften*, bearbeitet von Dieter Krallmann und Hans Adolf Martin, Bd. II, *Wortindex zu Bd. 1~9* (L~Z), Berlin 1967, pp. 629, 933 f. 참조.

실천의 근본 형식들

칸트 실천철학의 토대를 마련해준 예비적 숙고들

1. 칸트의 실천 개념이 지닌 복합성

    이어지는 논의에서 나는 칸트의 실천철학에 관한 예비적인 숙고들 가운데 이제껏 거의 아무런 주목도 받지 못했던 몇몇 사례를 소개하고자 한다. 미리 말해두지만 이 숙고를 통해, 칸트의 전全 실천철학의 약도略圖가 제공된다. 이 논의는, '실천Praxis'은 칸트에게서 단일한 의미를 지닌 개념이 아니라 상호 독립적이고 서로 경쟁적인 여러 행위들을, 그러니까 아주 상이한 원칙들에 의해 규정되고 그래서 상호 작용하는 것이 어려운 그러한 행위들을 지칭하기에 극도로 복합적인 개념이라는 것을 보여줄 것이다. 이 논의는 첫 단계로, 이미 『순수이성비판』 출간 이전에 형성된 세 종류의 상이한 "실천의 근본 형식들"을 이야기하고 이것들을 서로 구분할 것이다. 이어서 세 단계에 걸쳐 바로 이 구분이 칸트 실천철학의 체계적인 전체

구도와 또한 그 개별적인 부분들을 근본적으로 규정하고 있다는 사실을 드러내고자 한다. 이러한 시도의 전반부에서는 주로 강의 필기, 편지 그리고 유고로 남겨진 칸트의 메모들이 근거로 제시될 것이다. 이것들에는 상대적으로 전前 단계에 속하는 칸트 실천철학의 발언들이 담겨져 있다. 이러한 종류의 텍스트들이 지니는 문헌학적인 어려움은 다만 주석 등에서 언급될 것이다. 그리고 후반부에서는 전반부에서와 달리, 칸트 사상의 확정적인 모습―철학함에서 그러한 것이 가능하다면―이 담겨 있는 칸트 도덕철학의 주요 저서들을 기반으로 논의가 전개될 것이다.

칸트 실천철학 내에서 실천의 상이한 형식들에 관한 담론은 우선 개념사적 언급을 필요로 한다. 혹자는 앞으로 논의를 이끄는 개념으로 사용되고 동시에 오늘날의 논의에 다리를 놓아야 하는 '실천'이라는 용어가 칸트 실천철학에서 어떤 식으로든 중요한 역할을 하고 있지 않다는 이의를 제기할 수 있을 것이다. 칸트 생존 시에 나온 출판물에서 이 용어는 1793년 이전에는, 즉 『이론상으로는 옳으나 실천에서는 무용하다는 속언에 관하여』라는 유명한 논문이 나오기 이전까지는 놀랍게도 전혀 사용되지 않는다. 그후에야 비로소, 즉 그의 나이 69세 이후에야 이 용어는 칸트의 저서에서 자주―다 해서 약 50번 정도―사용된다.[1] 따라서 이 용어는, 비록 1770년대와 1780년대의 강의에서 때때로 사용되기는 하지만,[2] 칸트 노년의 저서에서

---

1) *Allgemeiner Kantindex zu Kants gesammelten Schriften*, hrsg. von Gottfried Martin, Bd. XVII: *Wortindex zu Kants gesammelten Schriften*, bearbeitet von Dieter Krallmann und Hans Adolf Martin, Bd. II, *Wortindex zu Bd. 1~9*(L~Z), Berlin 1967, pp. 717, 746(Rechtspraxis)과 899(Tugendpraxis) 참조.

나 사용되는, 명백히 부수적인 개념이다. 칸트 도덕철학에 관한 첫 번째 기본 도서인 『도덕형이상학 정초』에서뿐만 아니라 1788년의 『실천이성비판』에서도 이 용어는 등장하지 않는다.

칸트는 오늘날과는 달리 '실천'이라는 단어를 실제로는 매우 인색하게 사용하고 있다. 그러나 '실천'에 관한 실질적인 논의에서는 사정이 다르다. 비교적 이른 시기에, 즉 『도덕형이상학 정초』가 출간되기 이전 10년 이상의 기간에 걸쳐, 칸트는 그의 강의, 편지 그리고 메모들과 같은 상이한 여러 곳에서, 행위의 세 종류의 근본 형식들―이것들은 "규칙" 또는 "준칙"에 있어서뿐만 아니라 의도 및 관심에 있어서도 근본적으로 구분된다―을 구명하고 또 이것들을 서로 명확히 구분하기 위해 노력한다. 실천에 관한 1793년의 엄격한 정의, 즉 "하나의 목적을 실현하는 것"이 "실천"이고, 이것은 "보편적으로 표상된 특정한 행위 원리의 준수"(『속언』 A 201)라는 정의에 따를 때, "실천의 근본 형식들"이라는 주제는 실질적으로 논의를 이끄는 실마리 역할을 충분히 할 수 있다. 왜냐하면 "보편적으로 표상된 행위 원리들"의 상이성相異性이, 칸트에게서 행위의 개별적인 유형들을 첨예하게 서로 구분하고 이를 통해 실천에 관한 세 종류의 독자적인 근본 형식들을 정립하게끔 하는 바로 그것이기 때문이다.

---

2) 『콜린스 도덕철학』(XXVII 243) 참조. "모든 철학은 이론적이거나 실천적이다. 이론철학은 인식의 규칙을, 실천철학은 자유 의지와 연관된 행위의 규칙을 다룬다. 이론철학과 실천철학의 차이는 대상에 있다. 이론철학은 이론을, 실천철학은 실천praxin을 그 대상으로 하고 있다." 또한 XXVII 245와 『인간 탐구』 p. 5 참조.

2. 인간 행위의 상이한 성질을 나타내는 용어들: 기량, 수완, 지혜

'실천' 개념에 관한 이러한 구별은 무엇보다도 칸트의 강의에서 중요한 역할을 한다. 불충분할 수도 있겠지만 이제껏 확보된 학생들의 강의 필기물들은 칸트가 어느 정도로 그의 강의에서 행위의 근본적으로 상이한 성질들을 명료하게 하고 또 서로 구분하고자 거듭 노력했는지 분명하게 보여주고 있다. 미리 말해두지만 이러한 세 성질 모두는 칸트에게 있어서 특정하고 특유한 행위 방침에 관한 숙고에 그 기반을 두고 있다. 예컨대 라이프치히의 민간 학자인 베르크Johann Adam Bergk(1769~1834)가 슈타르케Fr. Ch. Starke라는 익명으로 1831년에 출판한 칸트의 강의인『인간 탐구』—이것은 칸트의 인간학 강의 가운데 비교적 이른 시기의 것에 속한다[3]—에는 다음과 같은 내용이 나온다. "우리의 완전성에 이바지하는 세 종류의 가르침이 있다. 한 종류의 가르침은 우리를 기량이 뛰어나게 geschickt, 다른 종류의 것은 수완이 좋게klug 그리고 세 번째 것은 지혜롭게weise 만든다." 이어서 칸트는 이 세 종류의 구분에 관해 다음과 같이 말한다. "기량Geschicklichkeit이 뛰어나게 되는 것"에는 "학교의 모든 학문〔개별 과학〕들이 이바지하고 있다." 반면 "우리를 수완Klugheit이 좋게 만드는 지침은, 어떻게 우리가 기량을 사용해야 할지에 관한 실용적 지침이다." "지혜Weisheit의 최고 등급은 완전성의 정신인데, 이 단계는 좀처럼 도달하기 어렵다"고 설명하고 있다. (『인간 탐구』 p. 4)[4]

[3] 이 책에 수록된 칸트 강의에 대한 연대 추정에 관해서는 이 책 pp. 51 f., 주석 15 참조.

칸트는, 각기 특정한 규칙에 정향定向되어 있는, 행위들의 성질을 나타내는 세 주제어인 '기량이 뛰어난', '수완이 좋은', '현명한'에 관해서 이러한 일반적인 정의를 내리는 것에만 머물지는 않는다. 오히려 그는 이것들을 엄격하게 서로 구분하고, 인간 행위 전체와 관련해서 이것들의 극도로 상이한 과제와 기능들을 강조하며, 또 이것들 간의 있을 수 있는 혼동을 방지하는 것을 거듭 시도하고 있다. 이것들 간의 근본적인 상이성에 관한 통찰은 칸트 사상의 근본 동기들 중 하나로 여겨진다. 칸트의 인간학 강의들에서는 '기량이 뛰어난'과 '수완이 좋은' 사이의 구별이 뚜렷하게 관심의 전면에 놓여 있음을 알 수 있다. 예를 들면 그는 『인간 탐구』에서 다음과 같이 이야기하고 있다. "기량은 사물과 관련되며, 수완은 인간과 관련되어 있는 것이다. 시계공은 그가 완전한 시계를 만들 때 기량이 뛰어난 것이다. 반면 그가 시계를 유행에 따라 잘 만듦으로써 신속히 팔리게 할 경우, 그는 수완이 좋은 것이다."(『인간 탐구』 p. 4) 거의 비슷한 내용이 코발레브스키가 편집한 방대한 인간학 강의(이 강의는 추측컨대 1790년대 초반에 행해진 것으로 여겨진다)에 나와 있다. 여기서는 새로운, 그리고 앞으로의 논의 과정에서 중요한 컬레 개념이 사용된다. "모든 실천적 가르침은 1. 기술적technisch, 즉 기술과 기량에 관한 가르침이거나, 2. 실용적pragmatisch, 즉 인간을 나의 의도대로 부

---

4) 이외에도 *Immanuel Kant's Vorlesungen über die Metaphysik. Zum Drucke befördert von dem Herausgeber der Kantischen Vorlesungen über die philosophische Religionslehre. Nebst einer Einleitung, welche eine kurze Übersicht der wichtigsten Veränderungen der Metaphysik seit Kant enthält*, hrsg. von Karl Heinrich Ludwig Pölitz, Erfurt 1821[Nachdruck Darmstadt 1975], p. 315 참조.

리는, 수완에 관한 가르침이다. 예를 들면 후자를 잘할 수 없는 그러니까 무뚝뚝한, 그러나 기술적인 면에서는 기량이 뛰어난 시계공은 적은 수입을 얻는다. 인간과 기계를 지배하는 것은 각각 매우 상이한 종류의 기술에 속한다."(『인간학 강의』 p. 2)[5] 여기서의 "인간"과 "기계" 간의 대립은 앞에서 언급한 "인간"과 "사물" 간의 대립과 명백히 상응한다. "기량"의 "기술적" 성질은 따라서 "사물" 또는 "기계"에 관한 지식에 바탕을 둔 행위와 관련된 것이다. 이러한 지식은 개별적인 학문들을 통해 주어진다. 반면 "수완"의 "실용적" 성질은 전혀 다른 종류의 앎, 그러니까 "우리가 다른 사람을 우리의 의도대로 이끌 수 있게끔 하는 인간에 관한 지식"(『인간 탐구』 p. 4)에 기초하고 있다. 이러한 지식은 칸트에게 있어 철학적 인간학이라는 특정한 유형에서 논의된다.

 '수완이 좋은'과 '지혜로운' 사이의 구분은 인간학 강의에서는 전혀 심각한 문제가 아닌 것처럼 비교적 간단하게 다루어진다. 칸트는 이 구분에 관해 다음과 같이 간략하게 설명하고 있다. "우리의 전 의도를 이루는 데 이바지하는 모든 실천적 지식을 실용적이라고 한다. 지혜에 관한 모든 가르침은 도덕적이고, 수완에 관한 모든 가르침은 실용적이다."(『인간 탐구』 p. 5) 위에서 이야기된 '기술적'과 '실용적' 간의 구분에 이어 '실용적'과 '도덕적' 간의 구분이 언급되고 있다. 따라서 행위의 상이한 성질은 일단 기술적, 실용적

---

[5] 또한 『단편』 673(XV 298 f.) 참조. "시계가 시간을 알려준다면, 그것은 만족스러운 것이다. 시계가 보기에 마음에 든다면, 그것은 아름다운 것이다. 시간을 알려고 할 때, 시계가 매력적이든 아니든 시간을 알려주는 데 이바지할 수 있다면 그것은 좋은 것이고, 따라서 개인의 상태와 관계없이도 마음을 끌 수 있다."

그리고 도덕적인 것으로 나타낼 수 있다. 오늘날의 언어로는 기술공학적(또는 테크노크라시적), 전략적(전술적) 그리고 도덕적 원리들 간의 구분이 이러한 구분에 어느 정도 일치하고 있다. 그리고 역사철학 영역에서 이야기될 수 있는 이러한 행위 지침들에 관해서는 뒤에서 다루어질 것이다.

'수완이 좋은'과 '지혜로운' 그리고 '실용적'과 '도덕적' 간의 구분이 인간학에 관한 강의에서는 다만 거의 스쳐지나가듯이 언급되고 있는 반면,[6] 칸트가 "모든 철학적 학문들에 관한 간결한 핵심"(『백과전서 강의』 p. 29)과 이 학문들 간의 체계적인 관계를 제공하고자 하는 『철학적 백과전서 강의』에서는 중요한 위치를 차지한다. 이 구분을 통해 "형이상학"과 같은 것의 불가피성이 드러나게 된다.[7] 그래서 1961년 레만에 의해 편집된, 1770년 말경에 행해진[8] 백과전서 강의에는 다음과 같은 내용이 나온다. "도덕적 준칙은 어떻게 내

---

[6] 『단편』 1486(XV 716) 참조. "수완: 돈을 버는 것. 지혜: 그러한 것을 경멸하는 것……. // 수완: 명예를 얻는 것. 지혜: 그러한 것을 경멸하는 것." 『단편』 1508(XV 820) 참조. "기량은 앎과 능력으로 이루어져 있다. // 수완은 기량을 사람에게 사용하는 기술로 이루어져 있다. // 지혜*는 모든 수완이 궁극적으로 다 다르게 되는 궁극적 목적이다. // *(사물의 참된 가치를 평가하는 것)." 더 나아가 특히 『단편』 3643 ff.(XVII 172 ff.) 참조.

[7] 『백과전서 강의』 p. 67 참조. "만약에 행복하게 되는 조건과 행복과 함께하게[옳게: 행복하기에 합당하게] 되는 조건들이 서로 상이한 것이 아니라면, 우리는 자연의 경계 밖으로 나아갈 필요가 없다."

[8] 이 강의의 연대 추정에 관해서는, 토넬리 Giorgio Tonelli(Filosofia 13 [1962], pp. 511~514)와 힌스케(Deutsche Literaturzeitung 85[1964], pp. 486~489)의 논평을 참조할 것. 레만도 이러한 연대 추정을 그 사이 암암리에 받아들인 것으로 여겨진다. 학술원판 칸트 전집 XXIV 958 참조.

가 행복하기에 합당할 수 있는지를, 그리고 실용적 준칙은 어떻게 내가 행복과 함께할 수 있는지를 나타내고 있다." "훌륭한 행위와 행복 간에는 자연적 연관 관계가 없다. 훌륭히 행위하고자 하는 자는 소크라테스처럼 행위하라. 그리고 행복하고자 하는 자는 카이사르 등과 같이 행위하라."(『백과전서 강의』 p. 67)[9] 따라서 수완과 지혜, 실용적 행위와 도덕적 행위는 칸트에게 있어 아무런 문제도 없이 나란히 병존하는 것이 아니다. 양자 간에는 "자연적 연관 관계"가 존재하지 "않고", 오히려 양자 상호 간의 관계는 끊임없는 긴장 관계이다. 때때로 기량과 수완, 사물에 대한 전문 지식과 인간에 관한 지식 그리고 기술적 성질과 실용적 성질이 서로 경쟁 관계에 빠질 수 있는 것과 유사하게, 수완과 지혜의 병존은 언제든지 대립으로 바뀔 수 있고, 행위자를 매우 심한 내적 갈등에 빠지게 할 수 있다. 오늘날 정치의 영역에서 우리는 이러한 예를 쉽게 찾아볼 수 있다. 성공을 거두고 있는 카이사르의 과단성과 성공을 거두지 못하

---

[9] 『단편』 4256(XVII 484 f.) 참조. 또한 Th.[eodor] G.[ottlieb] v. Hippel, *Lebensläufe nach aufsteigender Linie nebst Beylagen A, B, C,* Leipzig 1859(1. Aufl. Berlin 1778~1781), Teil II, p. 143. "도덕적 준칙은 …… 어떻게 내가 행복하기에 합당할 수 있는지를, 그리고 실용적 준칙은 어떻게 내가 행복과 함께할 수 있는지를 나타내고 있다. 도덕은 행복하기에 합당하게 되는 것을 가르친다. 반면 행복과 함께하게 되는 것은 기량에 관한 가르침이 주고 있다. 수완의 규칙과 도덕성의 규칙을 나누는 것은 가능하지 않다. 〔그러나〕 훌륭한 행위와 행복 간에는 자연적 연관 관계가 없다. 이 둘을 결합시키기 위해서는 우리는 신적인 존재를 받아들여야만 한다. 이러한 것 없이는 나는 세계 내에서 어떠한 목적도 어떠한 일치도 발견할 수 없다. 마치 세계 내에서 눈을 가리고 술래잡기 놀이를 하는 것처럼." 히펠과 칸트와의 관계에 관해서는, 힌스케의 논평, Deutsche Literaturzeitung, a. a. O. p. 489, 주석 6과 레만, 학술원관 칸트 전집 XXIV 958 f. 참조.

는 소크라테스의 성실함은, 양자 간의 긴장과 배타성에 있어서 우리 모두가 자신의 행위에서 실제로 처하게 되는 문제 상황이 무엇인지를 보여주고 있다.

이미 이제까지의 논의만을 통해서도, 칸트가 실천 개념을 구별하려는 것은 정확한 명명命名 이상의 것을 목표로 하고 있다는 점을 알 수 있다. 칸트의 고풍스러운 용어 뒤에는 (마치 오늘날 실천에 관한 구별되지 않은 이야기 뒤에, 추측하건대, 철학적 섬세함에 대한 경시輕視 이상의 무엇인가가 숨겨져 있는 것처럼) 아주 중대한 문제들이 숨겨져 있다. 실천 개념의 복합성에 관한 통찰은 동시에 인간이 그의 행위에서 봉착할 수 있는 갈등에 대한 통찰을 의미한다.

그런데 백과전서 강의에서 방금 인용한 곳은 또한 다른 관점에서도 관심을 갖게 한다. 말하자면 이곳에는 이제껏 칸트 철학에 관한 논의에서 거의 주목되지 않던 좁은 의미의 칸트 도덕철학, 즉 "도덕 형이상학"의 중요한—이른바 부정적인 방식의—정초가 언급되고 있는 것으로 보인다. 이곳에서 칸트는 "나의 행복은 확보되지 않는다. 만약에 행복이 기량에 관한 규칙에"—내지는 "자기 자신의 최대의 행복을 위한 수단을 선택하는 기량"(『정초』 B 42)[10]으로서의

10) *Immanuel Kant's Anweisung zur Menschen- und Weltkenntniß. Nach dessen Vorlesungen im Winterhalbjahre von 1790~1791*〔이하『지침』으로 인용〕, hrsg. von Fr.[iedrich] Ch.[ristian] Starke[=Johann Adam Bergk], Leipzig 1831[Neudruck Hildesheim u. New York 1976], p. 1의 다음 참조. "인간학은 학적인 논의에서는, 인간은 무엇인가를 밝히고자 한다. 실용적인 논의에서는 어떻게 우리가 인간을 우리의 의도를 위해 이용할 수 있는지가 이야기된다. 따라서 우리의 수완은 인간을 우리의 의도를 위해 훌륭히 다루는 기량으로 이루어져 있다." 더 나아가『정초』B 42,『인간학』B 314와『단편』1502a(XV 800)의 다음 참조.

수완에 관한 규칙에―"의거한다면"이라고 말한다. 또 "우리가 행복을 누릴 때 우리가 그 행복을 누릴 자격도 가지는지에 관한 생각이 항상 머리에 떠오른다"(『백과전서 강의』 p. 67)라고 말한다. 여기서 확보하고자 하는 것은 분명 '기술적' 또는 '실용적' 조치들에 의해 가능한 어떤 외적인 확보와는 다른 것을 의미한다. 이러한 확보는 인간 내부에 속한 문제이다. 이것은 '테크노크라트'와 '실용주의자' 간의 싸움이 결코 다다를 수 없는 보다 깊은 곳에 자리한 문제점을 드러나게 한다. 이것은 도덕 또는 도덕철학 일반의 근원에 관해 눈을 뜨게 만든다. 칸트 사상이 지향하는 바는, 행복과 성공만으로는 인간 실존의 크기를 채울 수 없다는 데 있는 것으로 여겨진다. 만약에 우리가 스스로의 요구에 견뎌낼 수 있으려면, 이것들만으로는 부족하다. 이것들은 결코 충분한 확보가 아니다. 이것들은 부족함, 즉 칸트의 『세계 시민적 관점에서 본 보편사의 이념』에서의 표현을 빌리면 "공허함"(A 393)을 남겨두고 있다. 이러한 공허함은 보다 높은 차원의 행위 영역에서 채워질 수 있다.[11)] 단순한 전

"[학교에서의] 첫 번째 교육은 …… 기량을 위한 것이다. 두 번째 것은 수완 ……, 즉 자신의 기량을 사람에게 사용하는 데 필요한 판단력을 위한 것이다." 『단편』 1508(XV 820)의 다음 참조. "기량은 앎과 능력으로 이루어져 있다. // 수완은 기량을 사람에게 사용하는 기술로 이루어져 있다."

11) 라인홀트Reinhold에게 보낸 1793년 5월 7일자 칸트의 편지(*Nr. 577*; XI 433) 참조. "당신의 젊음이 우리 권한 밖에 있는 것에 대한 철학적 무관심과 결합된다면, 그래서 삶의 진정한 가치를 [의식 밖의 객관적 대상이 아닌] 오직 의식 안에서 행해지는 의무에 대한 성찰에만 두게 된다면, 나로서는 더 이상 바랄 것이 없습니다. 모든 쾌락이 무상할 뿐이라는 것에 대한 오랜 기간에 걸친 경험은 결국 우리가 이러한 판단을 내리게끔 이끄는 데 조금도 부족함이 없을 것입니다."

략가 또는 실용주의자의 행위가 최후에는 피할 수도 있는 그 어떤 실패에서 좌절하게 된다는 것이 아니라, 그 행위는 인간 행위의 온 의미를 충족시킬 수 없다는 것이다. 인간은 단순한 실용적 행위에서는 비록 성공을 거두고 있다고 할지라도, 결국에는 그의 정체성을 발견하지 못한다. 이것은 결국 기술적, 실용적, 도덕적 행위의 성질은 실제에 있어서 무차별적으로 동일하지 않다는 것을 의미한다. 행위자의 행위 수행에서 의식되는 그리고 갈등 상황에서 결정해야만 하는, 도덕적인 것의 우위가 분명 존재한다. 이런 까닭에 칸트가 『단편』 7200에 적은 것, 즉 "도덕적 명법은 수완에 관한 모든 명법을 제한하는 조건들을 포함한다"(XIX 274)는 명제는 타당하다. 칸트는 그의 삶에서뿐만 아니라 그의 사상에서도 실용적인 차원을 진지하게 생각했고 또 소홀하게 평가하지 않았기에, 그가 이 차원의 한계를 잘못 생각할 리 없다.[12]

12) 칸트는 기술적, 실용적, 도덕적 행위의 구분과 병행하여, 그의 연구 메모와 강의에서 거듭 "개연적 선성善性Bonitas problematica", "실용적 선성Bonitas pragmatica", "도덕적 선성Bonitas moralis"을 구분하고 있다.(XXVII 255 f.) 앞의 두 가지 것에서는 다만 "조건적 선성bonitas conditionalis"(XX 148) 또는 "가언적hypothetica"(XXVII 257) 선성이 문제되고 있는 반면, 마지막 것은 "정언적categorica" 선성(XX 149) 또는 "절대적absoluta"(XXVII 257) 선성을 의미한다. 이러한 구분은 다만 부분적으로 17세기와 18세기에 널리 유포된, 나아가 중세에까지(Thomas von Aquin, S.th. I q. 5 a. 6 참조), 그리고 그 싹은 고대에까지(Cicero, De officiis II 3 참조) 소급할 수 있는, 유용한 선善bonum utile, 기분 좋은 선bonum delectabile 그리고 존귀한 선bonum honestum의 구분과 일치한다. 한편으로 칸트의 구분은 행위의 대상, 보다 정확히 말하면 행위 의도보다는, (선한 의지의) 행위자 내지는 행위 자체의 질質을 더 염두에 두고 있다. 다른 한편 칸트는 일차적으로는 독자적인 문제 제기를 통해 전통적인 유용한 선성의 영역에서 다시금 개연적(기술적technica) 선성과 실용적 선성을 구분하고 있다. 둘 다 결국 "유용한" 것을 뜻한다. 그러니까 개연

4. 실천의 근본 형식들 109

적 선성은 사물 또는 기계의 유용한 사용을, 반면에 실용적 선성은 인간과의 유용한 교제를 의미한다. 이 구분들에 있어 '선bonum', '선성bonitas', '선한gut' 등의 단어들이 전혀 상이한, 뿐만 아니라 상반된 의미를 지닐 수 있다는 견해는 공통적이다. 바로 이러한 사정이 또한 칸트와 라이프니츠에게 있어서 실천철학에 관한 구상의 근본 차이를 뚜렷하게 드러내는 것을 가능하게 해준다. 야코비는 최근에 이 구상을 매우 잘 설명하고 있다. 또는 "복구하고" 있다.(Klaus Jacobi, *Zur Konzeption der praktischen Philosophie bei Leibniz.* In: Akten des II. Internationalen Leibniz-Kongresses Hannover, 17.-22. Juli 1972, Bd. III, Wiesbaden 1975, pp. 145~173) 야코비는 라이프니츠의 실천철학을 인간 지식의 전 영역을 행위의 관점에서 포괄하는 큰 구상으로 이루어진 분석적 학문으로 이해하고 있다. "분석의 출발점은 해결해야 할 특정한 문제나 이루어야 할 부분적 선善이 아니라, 모든 부분적 목적들을 통일하는 목적인 '행복', 즉 모든 실천의 전체 목적이다."(a. a. O. p. 150) 이러한 구상은, 야코비가 옳게 지적하고 있듯이, 라이프니츠가 실제로 거듭 주장하는 다음과 같은 견해 없이는 성립할 수 없다. "우리의 안녕, 보편적 안녕 …… 그리고 신의 영예는 …… 수단과 목적으로서가 아니라 부분과 전체로서 구분될 수" 있다.(a. a. O. p. 151) "그러나 나는 한 가지를 덧붙인다. 우리의 선, 공공의 선, 그리고 하느님의 영광은 수단과 목적처럼 구분될 수는 없으며, 부분과 전체처럼 구분되어야 한다. 우리의 진정한 선을 추구하는 것, 그리고 대중과 하느님에게 봉사하는 것도 마찬가지이다. 누군가의 행복이 그 사람의 궁극 목적이 될 수도 없거니와 궁극 목적도 아니다. 그것[즉 행복]은 진실로 덕의 실천이 포함하고 있는 그 만족감에서 존립한다. 그러나 최대의 덕은 경건함인데, 이것은 최고 단계의 보편적 정의正義를 말하며, 그 안에 모든 덕이 포함된다."(Albert Heinekamp, *Das Problem des Guten bei Leibniz*[Kantstudien-Ergänzungshefte 98], Bonn 1969, pp. 175 f.에서 인용-)
반면 칸트의 실천철학은 그 출발에 있어, 기술적 기량, (행복을 추구하는) 실용적 수완 그리고 도덕적 행위가 인간 삶에서 궁극적으로는 결코 부합될 수 있는 것이 아니라, 지양될 수 없는 서로 간의 긴장 관계 속에 서 있다는 근본 신념에 의해 규정되고 있다. 인간 행위가 전혀 상이하고 서로 경쟁 관계에 있는 근본 원칙들에 의해 규정된다는 것은, 칸트가 옳게 인식했듯이, 인간 삶의 실제 상황이다. 바로 이런 까닭에 유용한 선과 존귀한 선 그리고 행복과 도덕은 그에게 있어서 서로 상이한 것들이다. 라이프니츠도 이러한 긴장 관계를 감지하고는 있다. 그러나 칸트와는 달리 그는 행복을 그때마다 명확하게 확정된 목적으로서가 아니라, 일종의 과정, 그러니까 인간의 시선이 점진적으로 보다 큰 연관에로 향하

3. 실천철학의 전체 모습과 인간학의 위치

칸트로 하여금 실천의 세 형식에 관한 구분을 하게끔 한 동기는 무엇이었을까? 어떤 문제들이 그로 하여금 행위를 규정하는 차이 나는 근거들을 주제로 삼게 했고, 또 시간이 경과하면서 그의 광범

는 의미 있는 과정으로 이해한 것으로 여겨진다. 그는 다음과 같이 말하고 있다. "창조물의 행복은 …… 보다 큰 선善에로의 지속적이고도 중단 없는 전진으로 …… 이루어져 있다."(Jacobi, a. a. O. p. 154) 그래서 그는 결국 실천철학의 통일과 전체성은 인간 실천의 최종 목적인 모든 것을 통합하는 총체성에 기초하고 있다는 생각에 이르게 된다. 반면 칸트의 장점은 유한성에 대한 주장에 있다. 이것은 우리 시대의 경험에 비추어 볼 때도 또한 장점이라고 할 수 있다. 즉 인간은 그의 "한정된 관점point de vue limité" 또는 "관심 자체interêt propre"(Jacobi, a. a. O. p. 167)를 결코 궁극적으로 극복할 수 없다는 것이다. 우리가 무리해서 총체적 목적을 주시하는 경우, 인간 행위를 총체적인 것으로 왜곡하는 위험이 도처에 도사리고 있고 이와 더불어 모든 개인적 책임감을 부인하는 위험이 기다리고 있다. 또한 미래에서의 더 많은 완전성에 대한 "평가aestimatio"(Jacobi, a. a. O. p. 171)―이것은 실천철학의 맥락에 있어서 매우 중요할 수도 있겠지만―는 결코 도덕적 판단의 명백함을 대신할 수 있는 것이 아니라, 오히려 다만 매우 쉽게 미로에 빠지게 한다. 물론 실천철학에 관한 칸트의 구상도 전혀 문제가 없는 것은 아니다. 실용적인 것과 도덕적인 것 그리고 수완과 도덕성을 서로 엄격하게 구분하고 후자를 우위에 두는 것은, 적어도 자신의 행복에 관한 결정을 각자의 주관적인 의향, 즉 "사적 수완Privatklugheit"(『정초』 B 42)에 넘겨주는 위험을 안고 있다. 이 삶에서의 행복들이란 계산될 수 없는 것이다. "아무리 통찰력이 있고 동시에 아무리 능력이 있다 하더라도 그가 유한한 존재인 한 그가 여기서 정말로 원하는 것에 관한 명확한 개념을 만든다는 것은 불가능하다."(『정초』 B 46) 인간이 그의 행복을 추구함에 있어 나아가야만 할 내적인 길은, 이 길은 또한 각자가 살아온 삶의 과정과 밀접하게 결부될 수 있기에, 자칫하면 모든 철학적 숙고의 대상이 아니게 된다. 이렇게 볼 때 라이프니츠의 실천철학은 적어도, 칸트의 실천철학이 정정訂正을 필요로 하지는 않을지라도 보충을 필요로 하고 있다는 점을 환기시킬 수는 있다.

위한 숙고의 대상이 되게 하였는가? 이러한 삼분법의 첫 번째 동기로, 짐작컨대, 철학적 인간학의 위치를 규정하고자 하는 칸트의 시도를 들 수 있을 것이다. 이 절에서 논의될, 이에 관한 상세한 내용은 물론 무엇보다도 칸트의 인간학 강의에 담겨 있다. 인간학은 이 분과가 등장하기 시작하는 16세기부터 하나의 독자적인 분과로서 확고한 위치를 점하지는 못했다. 인간학은 그 명칭에 따르면 인간에 관해 이야기하고 있는 학문이다. 그러나 인간학 이전에도 그리고 인간학과 더불어 수많은 개별 학문들 및 여타의 철학적 분과들도, 인간에 관해 이야기해왔다. 사정이 이러하기에 철학의 전체 체계 내에서의 인간학의 보다 상세한 주제와 고유한 과제 및 업무에 대한 물음이 제기된다.

철학적 인간학이 지닌 이러한 문제점은 이미 일찍부터 언급된다. 1726년에 초판이 간행된 발히Walch의 『철학 사전』에는 다수의 가능한 인간학들이 소개되고 있다. 이것은 동일한 문제 상황을 이야기하고 있는 것이다. 발히 사전에는 "인간학"이라는 표제어가 다음과 같이 설명되고 있다. 인간은 "이중二重의 본성, 즉 **자연적 그리고 도덕적 본성으로**" 이루어져 있다. "전자는 자연적인 살아 있는 육체에서 …… 후자는 마음에서 기인한다." 양 본성은 "육체와 영혼에 근거를 두고 있고, 양 측면에서 …… 논의될 수 …… 있다. 이러한 모든 논의를 인간학에 수용할 수 있을 것이고, 따라서 인간학은 **자연적 그리고 도덕적** 인간학으로 나눌 수 있을 것이다. 자연적 인간학anthropologia physica은 **일반적** 인간학이거나 **특수한** 인간학일 것이다. 전자는 다만 역사적으로"—즉 경험적으로—"구별되는 신체의 부분들을 그 구조와 연관성에 관해, 사람들이 자연학에서 흔히 하는 것처럼, 소개하는 학문일 것이다. 후자는 인간 육체의 건강과 질병을 대상으로 하는 학문일 것이다. 이것이 의학적 인간학anthropologia medica일 것이다. 도덕적 〔인간학〕〔anthropologia〕 moralis은 인간의 도덕적 성질을 제시하는 학문일 것이다. 이에 관해 사람들은 일반적으로 윤리학에서 논의하고 있다."[13] 이미 발히의 사전은, 사전 편찬자의 객관적 관점에서 볼 때, 인간학이란 애매하고도 변덕스러운 기도企圖라는 것을 보여주고 있다. 인간학에는 적어도 그 이념에 있어 매우 다양한 가능성이 열려 있다. 발히도 오로지 가정을 나타내는 접속법으로 이야기하고 있다. 그런데 이러한 모든 가능성들은 이미 다른 분과들에 의해 선점先占된 상태이다. 이것은 인간학이 항상 추후에 등장하는 분과라는 것을 의미한다. 인간학은 독자적인 대상 영역이 없는 분과이다.

　그러나 발히는 인간학의 실제 모습을 당시 시대에 걸맞게 의학적 내지는 생리학적 분과로 파악한 것으로 보인다(이러한 규정에 대해 칸트는 일생 동안 매우 강하게 반대하고 있다). 발히는 계속, 그것도 이제는 직설법으로 다음과 같이 말한다. "그러나 사람들은 여기서", 즉 도덕적 인간학이라는 이념과 관련해서, "이 용어의 일상적

---

13) *Johann Georg Walchs philosophisches Lexicon, worinnen die in allen Theilen der Philosophie, vorkommende Materien und Kunstwörter erkläret, aus der Historie erläutert, die Streitigkeiten der ältern und neuern Philosophen erzehlet, beurtheilet, und die dahin gehörigen Schriften angeführet werden*, mit vielen neuen Zusätzen und Artikeln vermehret, und bis auf gegenwärtige Zeiten fortgesetzet, wie auch mit einer kurzen kritischen Geschichte der Philosophie aus dem Bruckerischen großen Werke versehen von Justus Christian Hennings, 2. Tle., Leipzig ⁴1775(¹1726, ²1733, ³1740)[Neudruck Hildesheim 1968], pp. 172 f. Artikel *Anthropologie*.

인 사용에〔그 자리를〕양보해야만 한다. 왜냐하면 사람들은 특히 의학을 설명하고 있는 인간학에서 인간의 도덕적 상태를 주목하고 있지 않기 때문이다."[14] 이러한 생각은 또한 뮐러Gottfried Polycarp Müller와 같은 당시의 다른 학자들에게서도 발견할 수 있다.[15]

이러한 배경하에서 이제 인간학의 위치 규정에 있어 실천의 세 구분이 지니는 의미가 드러날 수 있다. 이러한 세 구분의 도움으로 칸트는 인간학에 특정한 대상 영역을 지정하고, 인간학을 실천철학 전체에 유기적으로 삽입시키는 데 성공한다. 오늘날의 의미에서의 개별 과학들(그러니까 여기에는 물리학과 의학도 포함된다)의 대상은 기량이라는 기술적 성질에 속한 모든 것들이다. 윤리학의 대상은 지혜라는 도덕적 성질이다. 인간학의 고유 대상은 수완이라는 실용적 성질이다. 이 분과〔즉 인간학〕의 과제는 냉철함을 기르고, 그리고 행위자가 그것이 무엇이든 간에 설정된 목적을 실현하는 데 요구되는―모든 가치적 평가를 제외한―인간의 실제 행위를 위한 판단력을 키우는 것이다. 바로 이런 까닭에 인간학은 칸트에게 있어 처음부터 "실용적 관점에서의 인간학Anthropologie in pragmatischer Hinsicht"이었다. 실용적 관점에서의 인간학은 "어떻게 우리가 인간을 우리의 의도를 위해 이용할 수 있는가"를 이야기하고 있다.(『지침』p. 1) "실용적 인간학은 어떻게 우리가 인간에 대해 행위해야 할지에 관한 준칙을 조언하고 있다."(『인간학 강의』p. 2)

물론 인간학은 이러한 과제가 부여됨으로써 칸트의 실천철학 전

---

14) Ebd. p. 173.
15) Mareta Linden, *Untersuchungen zum Anthropologiebegriff des 18. Jahrhunderts*[Studien zur Philosophie des 18. Jahrhunderts. Bd. I], Bern u. Frankfurt a.M. 1976, pp. 17 ff. 참조.

체에서 하위下位의, 그러니까 종속된 위치에 처하게 된다. 기술적 그리고 실용적 성질이 도덕적 성질의 우위로 인해 한계를 지니듯이, 칸트에게 있어서는 철학적 분과로서의 인간학도 도덕철학의 하위에 놓여 있다. 인간학은 그러니까 자신의 독자성을 위해 높은 가격을 지불한 셈이다. 인간학은 인간이란 무엇인가라는 물음에 대해 자신의 권한 내에서 더 이상 충분히 대답할 수 없다. 독자성을 확보하기 위해 인간학은 인간 실존의 중요한, 아마도 결정적인 차원에 관여하지 않도록 강요당한 것으로 보여진다. "인간이란 무엇인가"라는 물음은 인간학에서 "어떻게 우리가 인간을 우리의 의도를 위해 이용할 수 있는가"(『지침』 p. 1)에 관한 물음으로 축소된다. 인간학은 따라서 필연적으로 "우리가 인간에게서 지각하는 잡다한 것에서 규칙을 이끌어내는 것 이외의 더 이상 아무것도 아니다. 인간의 기분이 대단히 상이한 것으로 보일지라도 거기에는 우리가 생각할 수 있는 것보다 많은 규칙성이 있다."(『인간 탐구』 p. 5) 칸트가 그 자신의 인간학에 관한 생각과 일생 동안 스스로 마찰을 빚었다는 사실이, 그가 이러한 문제를 의식하고 있었다는 것을 잘 이야기해 주고 있다.[16] 그러나 그는 궁극적인 해결책을 찾지는 못했다.

여기서 제시된 해석은 칸트의 유고와 그의 편지에서 충분한 근거를 발견할 수 있다. 가장 설득력 있는 증거들 중 하나는 1780년대[17]

---

[16] Norbert Hinske, *Kants Idee der Anthropologie*. In: *Die Frage nach dem Menschen, Aufriß einer Philosophischen Anthropologie*, Festschrift für Max Müller zum 60. Geburtstag, hrsg. von Heinrich Rombach, Freiburg u. Müchen 1966, pp. 410~427, 특히 425 ff. 참조.

[17] 학술원판 칸트 전집, XV 658$_{23\,f.}$ 참조.

에 작성된 것으로 보이는,[18] 『단편』 1482에서 발견된다. "3종류의 가르침. 1. 기량이 뛰어나게 2. 수완이 좋게 3. 지혜롭게 만드는, 즉 학교에서 배우는, 실용적인 그리고 도덕적인 지식. …… 실용적 인간학. 수완은 우리가 사람들과 함께하고 있는 공동체와 관련된 것이다."(XV 659) 아디케스가 1790/1791년도 내지는 1791/1792년도 겨울 학기에 쓰여진 것으로 추정하는 『단편』 1502a에서 칸트는 다시 한번 간략하게 동일한 구분을 행하고 있다. "기량이 뛰어난 – 수완이 좋은 – 지혜로운."(XV 800) 늦어도 이 시기까지 세 구분은 칸트에게 있어 명백히 그의 실천철학의 자명한 구분 원리였다. 인간학의 특유한 주제 설정이 이야기되는 곳에서는 항상 그는 이 원리에 의지하고 있다.

또한 칸트의 편지에서 실천의 세 근본 형식들 사이의 구분은, 매우 분명하게 인간학과 그 주제 영역이 이야기되고 있는 곳에서 처음으로 등장하고 있다. 1773년 말경 제자인 헤르쯔에게 보낸 편지에서 그는 다음과 같이 적고 있다. "나는 이번 겨울에 두 번째로 인간학을 사강의私講義collegium privatum〔개인적으로 청강료를 받고 개설하는 강의〕 과목으로 강의하고 있습니다. 나는 이제 이 강의를 대학의 정규 과목으로 만들려는 생각을 갖고 있습니다." "나는 이 강의를 통해 도덕, 교제의 기량, 인간을 도야하고 지도하는 방법에 관한 모든 학문의 원천들을, 즉 모든 실천적인 것을 펼쳐 보이고자

---

[18] 이와 관련해서 『단편』 6456(XIX 9) 참조. "실천적인 학문은 기술의 학문이거나 수완의 학문이거나 도덕성의 학문이다." 아디케스는 이 단편이 쓰여진 시기를 단계 ε, 즉 1764년 이전의 시기로 잡는다. 우리는 이러한 연대 추정이 지닌 문제점을 여기서 논의할 수는 없다.

합니다." "나는 그간 내가 보기에는 매우 재미있는 관찰의 학으로부터 대학생들을 위한 기량, 수완, 나아가 지혜에 관한 예비 과목을 만드는 작업을 하고 있습니다."(Nr. 79; X 145 f.) 물론 여기서 인간학의 관심 대상은 그의 강의 기록물들에서처럼 수완이라는 좁은 영역에 한정되어 있는 것이 아니라 어느 정도까지는 "모든 실천적인 것"을 포함하고 있다. 인간학의 주제 영역에는, 비록 인간학이 여기서 단지 일반적으로 "예비 과목"으로서의 역할을 수행한다고 할지라도, 기량의 성질뿐만 아니라 명백하게 지혜의 성질도 포함되어 있다.[19] 이 편지에서 처음으로 기초 학문으로서의 광범위한 인간학의 이념이 이야기되기 시작했다고 생각할 수도 있다. 칸트는 이러한 이념을 그후—그의 강의에서의 제한된 인간학에 관한 구상과는 어느 정도 대립하여—암시적으로 되풀이해서 이야기하고 있다.[20] 그러나 확보되어 있는 인간학에 관한 그의 강의 기록물들과 또한 1798년에 출판된 인간학에 관한 저서는, 칸트가 인간학에 관한 이러한 두 번째 구상을 완성하려는 시도를 결코 진지하게 수행하지 않았다는 것을 보여주고 있다.

---

19) 이러한 발언을 해명하는 데『단편』4445(XVII 552 f.)가 공헌할 수 있을 것이다. 아디케스에 의하면 마찬가지로 "1772년경"(XIV p. XXXIX)에 쓰여진 이 메모에서, 칸트는 "모든 학문들"(X 145)은 위에서 언급된 세 성질들 중 하나에 속한 것이라고 한다. "그러므로 …… 모든 여타의 학문들은 기량의 기관들과, 기껏해야 수완의 기관들이고 그리고 지혜의 형이상학이다."(XVII 552) 인간학의 과제는 따라서 "예비 과목"으로서 모든 여타의 학문들에 이바지하고, 학문들의 "원천들"을 인간 행위에서—"일상적인 삶에서"(X 145)—드러내는 데 있을 것이다.
20) 이 책 p. 115, 주석 16 참조.

4. 성질과 원리

앞에서 간단히 소개한 삼분법이 칸트의 실천철학에 대해 지니는 중요성은 인간학의 좁은 영역을 훨씬 뛰어넘는다. 이것은 칸트 도덕철학이 결정적인 모습을 획득하는 데에도 결코 과대평가할 수 없을 만큼 중요한 역할을 하고 있다. 인간의 기술적, 실용적, 도덕적 "행위 방식"이 지향하는 주요 "원리들"을 발견해내고 확립하려는 칸트의 시도는 마침내 그 자신의 실천철학의 핵심 부분에 도달하게 되는데, 이제는 거의 고전적인 것이 되어버린 가언 명법과 정언 명법의 구분이 바로 그것이다. 여기서도 우리는 레만의 다음과 같은 판단이 어떤 의미에서는 타당하다는 점을 인정하지 않을 수 없다. "출판된 저서들 안에서 그저 암시만 되었거나 알쏭달쏭하고 자가당착적으로 표현된 많은 것들이, 예비 작업들이나 초안들, 단편들에서 …… 충분히 해명된다. 그러므로 칸트에 관한 진지한 연구는 그의 유고를 출판물과 동등한 방식으로 고려할 경우에만 가능하다."[21]

파울 멘쩌가 1924년에 편찬한 『칸트의 윤리학 강의』는 칸트가 가언 명법과 정언 명법의 구분에 이르는 과정(물론 여기에는 아주 다른 종류의 숙고들이 함께 작용하고 있다)의 한 주요 단계를 증언하고 있다.[22] 멘쩌는 자신이 "출판한 텍스트가 1775~1780년 사이의

---

21) Gerhard Lehmann, *Der Index zur Kantausgabe der Akademie.* In: Wissenschaftliche Annalen 1 (1952) p. 183.
22) *Eine Vorlesung Kants über Ethik*[이하 『윤리학 강의』로 인용], hrsg. von Paul Menzer, Berlin 1924. 완전하게 일치하지는 않으나(예컨대 XXVII 255 f. 참조), 학술원판 칸트 전집의 『콜린스 도덕철학』(XXVII 237~473)이 이 강의 내용에 상응한다. 이에 관해 Gerhard Lehmann, *Zur Analyse des Gewissens in Kants Vorlesungen*

칸트 강의를 반영하고 있다"고 간주한다.(『윤리학 강의』 p. 326) 이것은 타당한 것으로 여겨진다. 어찌되었든 이 강의는 인간학 강의에서 나타난 이른 시기의 칸트 사상의 표명과 『정초』에서의 최종 입장 표명을 연결시켜주는 중요한 고리 역할을 하고 있다. 칸트는 이 강의 첫머리에서 기술적, 실용적, 도덕적 성질의 삼분법과 병행하여 세 종류의 "실천적 규칙들" 혹은 이른바 "명법들"을 구분하고 있다. "무엇이 일어나야만 하는가를 말하는 실천적 규칙들에는 세 가지가 있다. 기량의 규칙들, 수완의 규칙들, 그리고 도덕성의 규칙들. 객관적으로 실천적인 모든 규칙들은 명법에 의해 표현된다." "그러므로 세 가지 명법들이 존재한다. 기량의 명법, 수완의 명법, 도덕성의 명법."(『윤리학 강의』 p. 4) 여기에서 행해진 구분은 그 내용이나 용어상으로 볼 때 이제까지 우리가 논의해온 텍스트들과 매우 광범위하게 일치한다. 새로운 점은 삼분법의 세 번째 항인 "지혜"가 시종일관 "도덕성"으로 대체되고 있으며(『백과전서 강의』에서도 비슷한 경우가 발견된다)[23], 또 나중에 아주 중요한 개념이 되는 "명법" 개념이 사용되고 있다는 점이다. 여기서 아직 이 개념

   über Moralphilosophie. In: Nachrichten der Akademie der Wissenschaften in Göttingen, Philologisch-historische Klasse, Jg. 1974, Nr. 8, Göttingen 1974, p. 263과 p. 268, 주석 2 참조.
23) 『백과전서 강의』 p. 67 참조. 여기서의 대체는 단편들에서 때때로 등장하는 새로운 분류에 상응하는 것일 수도 있다. 이 분류는 더 이상 세 가지가 아니라 네 가지 성질들을 구분하며, 지혜를 도덕성과 수완의 특별한 결합으로 간주한다. 『단편』 6618(XIX 112)의 다음 참조. "실천적 학문들. // 1. 기량에 관한 …… (개연적으로 명령한다). // 2. 수완에 관한 (정언적으로 명령한다). // 3. 도덕성에 관한 (절대적으로 명령한다). // 4. 지혜. (지혜는 수완에 의하여 (집행) 지지되는 도덕성이다.)"

은 다루기 힘든, 바로 막 문법학의 라틴어 용어에서 전용轉用된 이 물질처럼 보인다.[24)]

여기서도 칸트는 기량의 규칙들을 개별 학문들에게 귀속시키고 있다. 그러면서 그는 인간의 행위에서 기술적인 것의 차원, 즉 학문들이 지니는 의미를 아주 강하게 명시하고 있다. 그것은 인간이 삶이나 이성으로부터 자신에게 "부과된 목적들"을 실현시킬 수 있기 위한 기초와 전제 조건에 해당한다. "모든 실천적 학문들은 일반적으로, 기하학이나 역학에서와 같이 기량의 명법들을 포함한다. 그것들은 매우 유용한 것들이며, 다른 모든 명법들보다 앞서는 것이다. 왜냐하면 우리에게 부과된 임의의 목적들을 수행하기에 앞서 우리는 그러한 목적들을 수행할 수 있는 위치에 있어야만 하고, 또 그러한 목적들에 도달할 수 있는 수단을 가지고 있어야만 하기 때문이다."(『윤리학 강의』 pp. 4 f.) 그렇지만 기술적인 것의 차원은 결

---

24) '명법'이라는 용어에 관한 가능한 원천으로 다음의 저서들 참조. Alexander Gottlieb Baumgarten, *Initia philosophiae practicae primae*, Halle 1760[학술원판 칸트 전집 Bd. XIX에 재수록], p. 17(§39). "실천적인 학문들에서 명법들이란 인간에게 강요됨을 뜻한다. 선을 만들거나 행하고 악을 행하지 말라는 것이 그러한 것이다."[XIX 23] Johann Heinrich Lambert, *Neues Organon oder Gedanken über die Erforschung und Bezeichnung des Wahren und dessen Unterscheidung vom Irrthum und Schein*, 2 Bde., Leipzig 1764 (*Johann Heinrich Lambert, Philosophische Schriften*, hrsg. von Hans Werner Arndt, Bd. I und II, Hildesheim 1964 f.), Bd. I, pp. 106 f.(§168). "우리는 언어학에 의거하여 다음과 같은 구분을 할 수 있다. 즉 의문문은 부정사를 통하여 표현하는 것이 항상 가능하지만, 규칙들은 동사의 명령형으로 표현하는 것이 항상 가능하다는 것이다." '정언적'이라는 형용사와 마찬가지로 '명법'이라는 명사도 칸트가 스콜라 철학의 논리학 내지는 문법학의 아주 무미건조한 용어를 차용한 것이며, 이는 하나의 특정한 의식 내용을 가능한 한 분명하게 개념화하려는 의도에서 빌려온 것이다.

코 자체 목적Selbstzweck이 아니며, 항상 단지 수단으로서의 기능만을 갖는다. 그것은 일단 행위를 가능하도록 만들지만 아직 그 행위를 의미 있는 것으로 만들지는 않는다. 그것의 지침들은 다른 출처로부터 목적들이 "부과되어야" 비로소 실천적인 효력을 발생시킨다. 그래서 칸트는 계속 다음과 같이 말한다. "기량의 명법들은 단지 가언적으로만 명령한다. 수단의 사용이 갖는 필연성은 언제나 목적이라는 조건하에 제약된 것이기 때문이다."(『윤리학 강의』p. 5)

이에 반해 "부과된 목적들"은 분명 실천철학의 주제를 나타낸다. 이 시기의 칸트에게 있어 실천철학은 크게 두 부분으로 나뉜다. 그 대상 영역은 도덕적인 것의 차원과 마찬가지로 실용적인 것의 차원도 포괄한다. "실천철학은 기량의 규칙들이 아니라 수완의 규칙과 도덕성의 규칙을 포함한다. 고로 실천철학은 실용적이자 도덕적인 철학이다. 수완의 규칙의 관점에서는 실용적이고, 도덕성의 규칙의 관점에서는 도덕적이다."(『윤리학 강의』p. 5) 여기서 칸트는 실용적 성질을 위에서 인용한 인간학 강의에서보다 훨씬 더 강조하고 있다. 이제 여기서는 어찌되었든 일차적으로 인간의 임의적인, 관심의 전면에 놓여 있는 의도보다는, 이른바 모든 의도들의 의도, 즉 행복이 문제시된다. "수완이란 인간의 보편적인 목적, 즉 행복을 위한 수단을 사용함에 있어서의 숙련이다."(『윤리학 강의』p. 5)[25]

---

[25] 『정초』에서의 "세속적 수완Weltklugheit"과 "사적 수완Privatklugheit"의 구분이 이것에 상응한다. "전자는 누군가가 타인을 자신의 의도대로 이용하기 위해 그 타인에게 영향력을 행사하는 데 필요한 기량이다. 후자는 그러한 모든 목적들을 자기 자신만의 고유하고 지속적인 이익을 위해 결합시킬 수 있는 통찰력이다."(B 42)

이미 이 시기에 있어서도 칸트는 수완의 실용적 규칙들을 가언명법과 같은 것으로—비록 하나의 독특한 경우이기는 하지만—여긴다.[26] "수완의 명법들은 …… 개연적인 조건하에서가 아니라, 모든 인간에게 [주어진] 실연적이고, 보편적이며 필연적인 조건하에서"(『윤리학 강의』 p. 5), 즉 행복의 추구라는 조건하에서 명령하기는 한다. 그것들은 "임의의" 목적들이 아니라, 사실적으로 주어져 있는 "부과된 목적들"에 관계하는 것이다. 모든 인간들은 행복해지고자 한다. 이는 행위의 기본 전제로서 주어져 있다. 그러나 칸트는 분명히 강조한다. "나는 '네가 마땅히 행복해야만 한다'라고 말하지 않는다. 나는 '네가 행복하기를 의욕하기 때문에 이러저러한 것을 행해야만 한다'라고 말한다."(『윤리학 강의』 p. 6) "그러므로 모든 실용적 명법들은 가언적으로 강요하지 절대적으로 강요하지 않는다."(『윤리학 강의』 p. 21) 이에 반해 도덕성의 도덕적 규칙은 어떤 가능한 (개연적) 의도들이나 실제로 주어져 있는 (실연적) 의도들의 전제하에서 타당할 뿐 아니라 "정언적이고 단적으로 명령한다." "도덕적인 명법은 목적을 고려함이 없이 절대적으로 명령한다." (『윤리학 강의』 p. 6) 그것은 기술적이거나 실용적인 고려는 도달할

---

[26] 『단편』 6601은 이에 반해 실용적 규칙들 역시 아직 정언적인 명법들로 간주하고 있다. "보편적인 실용적 명법들 역시 정언적이다. 그러나 그것들은 누구나가 마땅히 의욕해야 하는 것이라기보다는 누구나가 [실제로] 의욕하고 있는 바의 것을 말하는 명제들이다."(XIX 104 f.) "가능한 목적에 대한 수단들에서와 같이 행위의 제약된 필연성은 개연적이고, 실제적 목적에 대한 수단의 경우에서와 같은 필연성은 정언적 필연성이며, 수완prudentia[고전적 의미로는 '도덕적인 지혜'이나, 칸트의 경우는 '수완'을 의미한다]의 정언적 필연성은 도덕적이다."(XX 162 참조) 더 나아가 『단편』 6618(XIX 1129), 이 책 p. 119, 주석 23 참조.

수 없는 무조건적인 엄숙함을 인간 행위 안으로 가져오며, 그 행위에 "직접적이며 내적이고 절대적인 가치를"(『윤리학 강의』 p. 6) 부여한다. 그러면 "그 행위는 마치 천상에서 이뤄지는 것같이 그렇게 순수하다."(『윤리학 강의』 p. 22)

이러한 다양한 숙고들의 최종적인 모습(이 모습을 우리는 『정초』에서 만날 수 있는데)과 이제까지의 사유 전개 과정의 가장 두드러진 차이점은, 모든 실천적 원리들을 가언 명법들과 정언 명법들로 엄격하게 양분한다는 것이다. 이제 더 이상 실천 지향적인 삼분법이 아니라, 분석 판단과 종합 판단이라는 이론적 제약에 의한 구분을 겨냥한 모든 행위 규칙의 이분법이, 이제 칸트에게 있어서 사유를 전개하는 출발점을 형성한다. 이제부터 이 이분법은 결정적인 권위를 갖게 되며, 이것을 서서히 형성시켜왔던, 실천의 상이한 근본 형식들에 관한 이전의 숙고는 이 이분법을 통하여 어느 정도는 퇴색하게 된다. 원래는 행위함 자체에 관한 관찰을 통해 인식되었던 것이 이제는 첫눈에 보기에 마치 자의적이고 어색한 이론적 구성물처럼 여겨진다. 사교계의 기린아, "멋쟁이 선생님"이 여기서도 삶과 격리된 독일 교수에게 그 자리를 내준 것으로 보인다. 칸트는 아무런 근거도 제시하지 않고 다음과 같이 공포公佈하는 것처럼 보인다. "모든 명법들은 이제 가언적으로 명령하거나 정언적으로 명령한다." "만일 …… 행위가 단지 다른 것을 위한 수단으로서만 선한 경우라면, 그 명법은 가언적이다. 행위가 그 자체로 선한 것으로, 따라서 그 자체로 이성에 적합한 의지에 있어 필연적인 것으로, 즉 그러한 의지의 원리로서 생각될 경우, 그 명법은 정언적이다."(『정초』 B 39 f.)

이러한 무미건조한 이분법은 그러나 단지 겉보기에만 아주 새로

4. 실천의 근본 형식들 123

운 시도일 뿐이다. 바로 같은 페이지에서 칸트는 다시 그것을 이전의 삼분법으로 확장시키고 있다. 가언 명법들은 인간에게 있어 한갓 가능한 것으로 상정된 목적에 관한 표상을 지향하거나 또는 실제적으로 주어져 있는 목적에 관한 표상을 지향하며, 그래서 다시—이미 윤리학 강의에서 이야기한 것처럼—행위의 "개연적" 원리들과 "실연적" 원리들로 나누어진다는 것이다. 칸트는 다음과 같이 말하고 있다. "가언 명법은 단지 그 행위가 어떤 **가능적** 혹은 **현실적 의도**를 위해 선하다는 사실을 말할 뿐이다. 전자의 경우 그것은 **개연적**인 실천 원리이고, 후자의 경우 **실연적**인 실천 원리이다. 정언 명법은 행위를 어떠한 의도와도 관련 없이, 즉 어떠한 다른 목적도 없이 그 자체 객관적으로 필연적인 것으로서 간주한다. 그것은 필연적인 (실천) 원리로서 통용되는 것이다."(『정초』 B 40) 그러므로 가언 명법과 정언 명법의 이분법은 행위의 개연적problematisch, 실연적assertorisch, 필연적apodiktisch 원칙들이라는 삼분법에 의해 보충되고 구체화된다.

칸트가 가언 명법들을 두 개의 상이한 형식의 행위 지침으로 나누는 이러한 제2의 구분을 수행한 주요 동기는 이어지는 두 문단에 분명하게 드러나 있다. 여기서 그는 기술적인 것을 지향하고 있는 실천과 실용적인 것을 지향하고 있는 실천 사이의 오래된 구분, 즉 기량과 수완 사이의 구분을 행하고 있다. 이제 이 구분이 다시금 분명하게 등장하고 있는 것이다. 여기서도 칸트는 개연적인 원리들은 학문들에, 실연적인 원리들은 수완에 관한 가르침에 귀속시키고 있다. "모든 학문들은 어떤 실천적인 부분을 포함한다. 이 부분은 어떤 목적이 우리에게 가능한가 하는 것을 알려주는 과제와, 또 이 목적이 어떻게 도달될 수 있는가를 지시하는 명법들로 이루어져 있다. 그러므로 이 명법들은 대체로 **기량**의 명법들이라 불릴 수 있다."(『정초』 B 41) 이러한 종류의 지침들에 의해 가능하게 된 행위가 개별적인 사례에 있어서 또한 실제로 의미가 있거나 또는 허용될 수 있는가 하는 물음은, 칸트가 여기서도 강조하듯이, 가장 '개연적'인 물음으로서, 학문들 자체에 의해서는 결정될 수 없는 물음이다. 그러한 학문들로부터 주어진 행위 지침들은 가치중립적이다. "자신의 환자를 확실히 치료하기 위해서 의사가 쓰는 처방과 독살자가 그 환자를 틀림없이 죽이기 위해 쓰는 처방은, 모두 그것들이 그들의 의도를 완전하게 달성하는 데 기여하는 한 동등한 가치를 가진다."(『정초』 B 41) 바로 이러한 까닭에 학문들의 행위 지침들은 그저 개연적인 명법들일 뿐이다.

실용적인 것의 차원은 이와는 사뭇 다르다. 여기서는 학문들에서와 같이 한갓 "임의적"이고 "개연적인" 목적에 관한 표상이 중요한 것이 아니라, 인간의 본성이나 "본질"(『정초』 B 42)로부터 "부과된" 목적이 중요하다. "그것은 모든 이성적 존재자들에게서 …… 현실적인 것으로 전제할 수 있는 하나의 목적이며, 그들이 단지 가질 수 있는 의도일 뿐만 아니라, 그들 모두가 자연 필연성에 의해 가지고 있다고 확실하게 전제할 수 있는 의도이다. 그리고 그것은 **행복**에 대한 의도이다." "행위의 실천적 필연성을 행복을 촉진하는 수단으로서 표상하는 가언 명법은 **실연적**이다. 우리는 이 명법을 어떤 확정되지 않은 한갓 가능적 의도에 대해서 필연적인 것으로 제시할 뿐만 아니라, 인간의 본질에 속하기 때문에 어느 누구에게서나 확실하고도 선천적으로 전제할 수 있는 의도에 대해서도 필연적인 것으로 제시할 수 있다."(『정초』 B 42) 따라서 이 두 번째 형태의 가언명법은 "수완의 지침"(『정초』 B 43)에 관한 것이다.

이미 둘째 절에서 상세히 언급한 것처럼,[27] 인간의 행위는 기술적인 것과 실용적인 것의 차원에서 남김없이 설명되는 것이 아니다. 그것과는 전혀 다른 세 번째 차원, 행위할 때 행위자가 직접적으로 의식하는 차원이 존재한다. "마지막으로 어떠한 행위에 의해 도달되어야 할 다른 의도를 조건으로서 기초에 두지 않고 이러한 행위를 직접 명령하는 명법이 있다. 이 명법은 **정언적**이며, …… 도덕성의 명법이라 불릴 수 있다."(『정초』 B 43)

앞에서 다루었던 실천의 세 가지 근본 형식들에 대한 관련이 〔이제〕 명백하게 드러난다. 칸트는 계속되는 문장들을 통해 다시 한번 이러한 관련을 분명하게 강조한다. 이제까지의 논의에서 중심적이던 개념들이 아주 간결한 형태로 반복되어 나오고 있는 것이다. "이 세 가지 원리들에 따른 의욕은 의지에 대한 강요가 **동등하지 않음**에 의해서도 판명하게 구분된다. 이 점〔즉 동등하지 않음〕을 두드러지게 보이게 하기 위해서 우리는 그 원리들을 순서에 따라 다음과 같이 가장 적절하게 명명할 수 있을 것이다. 즉 그것들은 기량의 **규칙**들, 수완의 **충고**들, 도덕의 **명령**들(**법칙**들) 중 하나라고 말이다." "우리는 첫째 명법을 **기술적** ……, 두 번째를 **실용적** ……, 세 번째를 **도덕적** ……이라고 부를 수 있을 것이다."(『정초』 B 43 f.)

---

[27] 이 책 pp. 107 ff. 참조.

5. 실천철학 전체 내에서 역사철학이 차지하는 위치

지금까지의 해석의 결과로 확인할 수 있는 바에 따르면, 적어도 칸트 도덕철학의 핵심 부분 중 하나라 할 수 있는 가언 명법과 정언 명법의 구분은, 칸트가 비교적 이른 시기부터 실천을 각각 기술적, 실용적, 도덕적으로 지향된 행위로 삼분한 것에서 크게 힘입은 것이다. 그것은 책상 앞에 앉아 머릿속에서 짜낸 고안물과는 아주 다르며, 결코 임의적인 체계의 산물도 아니다. 그것은 인간 행위가 갖는 다양성을 알맞게 파악하고 그 다양한 구성 요소들을 드러내기 위하여 십여 년간 노력한 결과의 산물이다. 그런데 좁은 의미의 칸트의 도덕철학, 즉 그의 "도덕형이상학"과 그리고 그의 실천철학 전체의 구조뿐만 아니라, (앞에서 다루기로 했던) 그의 역사철학도 상당 부분 저 삼분법에 의해 영향을 받고 있다. 칸트는 인류의 역사도 어느 정도는 세 개의 아주 상이한 지평 위에서 움직인다고 보았다. 문화〔현대어에서는 '문명'에 더 가까움〕의 지평, 문명〔현대어에서는 '문화'〕의 지평, 도덕의 지평이 그것이다. 오해를 피하기 위해서 우리는, 칸트가 여기서 '문화'와 '문명'이란 두 개념을 18세기 언어 사용법에 따라 오늘날의 의미와는 정반대로 사용하고 있다는 사실을 염두에 두어야 한다. 칸트에 따르면 자신의 시대가 처해 있는 역사적 상황은, 도덕이 문화와 문명이 이미 도달한 수준에 뒤처져 있다는 사실로 특징지어진다. 그런데 그에게 있어서 역사의 의미는 이 세 지평이 인간에게 가능한 최상의 완성 속에서 융합되는 것을 지향하는 데 있다. 그래서 그는 1784년 출판된 자신의 첫 번째 역사철학 논문인 『세계 시민적 관점에서 본 보편사의 이념』에서 다음과 같이 적고 있다. "우리는 예술과 학문에 의해 상당한 정도로 **문화화되었으며**, 온갖 사교술이나 예절에 관한 한 과다할 정도로 **문명화되었다**. 그러나 우리 자신이 이미 도덕적으로 성숙해 있다고 간주하기에는 아직 많은 것이 부족하다. 왜냐하면 도덕성의 이념은"—한갓 이념으로서, 즉 한갓 문화의 산물로서 고찰하는 한—"아직 문화에 속하기 때문이다." "그러나 이 이념의 사용이 …… 외부로 드러나는 예절에서처럼 단지 도덕과 유사한 것만을 지향할 경우, 그저 문명화만을 의미한다. 국가들이 모든 힘을 영토 확장이라는 공허하고 폭력적인 의도에 쏟아 붓기만 하고, 국민들의 사고방식의 내적인 도야陶冶Bildung에 완만한 노력을 기울이지 않고 오히려 이를 계속 방해한다면, 그리고 그들로부터 그러한 의도에 관한 모든 지원조차 빼앗아가버린다면, 이러한 종[즉 인간]으로부터는 아무것도 기대할 수 없다. 왜냐하면 그것[즉 사고방식의 성숙]은 모든 공동체가 그 국민들을 교육시키려는 장기적이고 내적인 수고에 의해서만 성취될 수 있기 때문이다. 도덕적으로 선한 마음씨에 기초하지 않는 모든 좋은 것들은 단지 헛된 가상이고 겉만 번드르한 비참함일 뿐이다."(A 402 f.) 그러므로 칸트의 분석에 의하면, 인간이 그 안에서 비로소 자신의 동일성을 발견할 수 있게 되고, 또 그렇기 때문에 실천의 근본 형식들에 관한 논의에서 결국 우위를 차지하게 되는 행위의 형식은 실제의 역사 상태에서는 아주 멀리 뒤쳐져 있다. 이 같은 성찰로부터 칸트의 역사철학적 구상은 [일종의] 비약 내지는 내적인 정당화를 경험하게 되는데, 이것은 또한 그의 모든 역사철학적 저술을 규정하고 있는 그의 사유의 원동력이기도 하다. 이 구상에 있어 도덕성에 관한 역사적인 결손 부분을 회복하는 것—이것은 아주 흥미로운 기대를 불러일으킨다—과, 앞에서 말한 실천의 형식들을 사회적으로도 완전하게 구현되도록 하는 것—이렇게 함으로써 인간은 비로소 자신의 고유한 동일성을 얻게 된다—이 관건이 된다.

이러한 (역사철학적) 구상 역시 앞에서 약술한 실천의 삼분법에서 성장해나온 것이다. 인간의 기술적 성질에는 그 산물로서 문화가, 실용적 성질에는 문명이, 도덕적 성질에는 도덕성이 각각 상응한다. 그리고 이 구상 또한 칸트가 자신의 실용적 인간학의 맥락에서 발전시킨 것이다. 왜냐하면 그의 역사철학 전체는 비교적 나중에야 인간학으로부터 일종의 곁가지로서 어느 정도 독립되어 나온 일부분 이상도 또 그 이하도 아니기 때문이다.[28] 그래서 칸트는 위에서 이미 한 번 인용했던 『단편』 1482에서 다음과 같이 적고 있다. "3종류의 가르침. 1. 기량이 뛰어나게 2. 수완이 좋게 3. 지혜롭게

---

[28] 『인간 탐구』 pp. 365 ff.에 나오는 단락 "인류 전체의 성격에 관하여", 『지침』 pp. 120 ff., 『인간학 강의』 pp. 357 ff.에 나오는 단락 "이성적 존재(동물)로서의 인간의 특성화", 『인간학』 B 312 ff.에 나오는 단락 "유의 성격" 등을 참조. Benno Erdmann, *Zur Entwicklungsgeschichte von Kants Anthropologie* (In: *Reflexionen Kants zur kritischen Philosophie*, Aus Kants handschriftlichen Aufzeichnungen hrsg. von Benno Erdmann, Bd. I: *Reflexionen Kants zur Anthropologie*, Leipzig 1882, pp. 37~64), p. 56의 다음 내용 참조. "그[칸트]가 자신의 기력이 쇠잔해진 1798년, 이미 거의 25년 전부터 가지고 있던 계획, 즉 자신의 인간학 강의를 편찬할 계획을 실행하기로 결심했을 때, 이미" 그는 자신의 지적 소유물을 많이 "써버렸다." 또 pp. 54 f.의 다음 내용 참조. "이러한 것으로 우선 '세계 시민적 관점에서의 역사'에 관한 세 개의 서로 관련된 논문들이 고려될 수 있는데, 이것들은 칸트가 1784년과 1786년에 『베를린 월보』에 기고한 것들로서 모두 인간학 중 '유의 성격' 단락에서 떼어 낸 것들이다."

만드는. 즉 학교에서 배우는, 실용적인 그리고 도덕적인 지식. (어떤 인식은 문화를 이루게 하며, 어떤 인식은 문명화를 가능케 하고, 어떤 인식은 도덕적으로 만든다.) 실용적 인간학. …… 모든 다른 실용적인 학문들은 그것에 빚을 지고 있다. 실용적 역사."(XV 659)[29] 1798년의 『인간학』에서도 이에 상응하는 다음과 같은 내용이 발견된다. "생명이 있는 지구 위의 거주자들 가운데 인간은 자신의 본질 안에 있는 기술적 ……, 실용적 …… 그리고 도덕적 소질을 통하여 …… 다른 모든 자연 존재자들과 확연히 구별된다. 그리고 이 세 단계 중 어느 하나만으로도 인간은 다른 지구 위의 거주자들과 특징적으로 구별된다."(『인간학』 B 314) "인간의 사명에 관한 실용적 인간학의 총괄과 인간 교육에 관한 성격론은 다음과 같다. 인간은 사람들과 함께 사회 속에서 살도록 그 자신의 이성을 통해 규정되어 있고, 또 그 사회 안에서 예술과 학문을 통하여 자신을 문화화시키고, 문명화시키며, 도덕적으로 성숙시키도록 규정되어 있다." 그래서 "자신을 인간성에 합당한 가치를 지니도록 만든다."(『인간학』 B 318 f.)

따라서 칸트의 역사철학의 관점에서도, 약간의 변경을 가한다면, 앞에서 전체로서의 인간학의 체계적인 위치에 관한 물음에서 이야

---

[29] 『단편』 1467(XV 645 f.) 참조. "인류의 실용적 역사는 그 본성의 소질로부터. 자신의 완전한 목적(개체로서의 인간이 아니라 유로서의 인간이 지니는)을 향한 인간의 자연적 규정. 이 역사는 동시에 어떻게 우리가 자연의 완전한 목적에 상응하여 우리 자신을 만들어야 하는지를 가르친다. 그래서 우리의 지평을 사적私的인 사명을 넘어 종種의 의도에까지 확장시킨다." 이 단편의 성격에 관해서는 XV 644에 나오는 아디케스의 설명 참조.

기되었던 것[30])과 동일한 주요 문제들이 다시 문제가 된다. 실로 이 문제들은 여기서 더 예리하게 드러나게 된다고 할 수 있으며, 동시에 역사철학의 고유하고 일반적인 어려움을 보여주고 있다. 실용적 인간학의 부분 내지 후손으로서 역사철학은 또한 경험적 학문이기도 하다. 역사철학은 인간의 사실적 행위를 관찰하고, 기술, 경제, 상업, 교류, 사회, 정치 등의 발전 과정을 분석하며, 현재까지의 역사 과정을 확인하여, 이로부터 미래에 대한 추측을 이끌어내고자 한다. 그러나 이러한 분석과 숙고의 과정은 여전히 기술적인 것과 실용적인 것의 지평 위에서 진행된다. 역사의 의미에 대한 물음은 인간에 대한 물음이 그러하듯이 실용적인 행위를 주목하는 것에 의해서는 거의 대답되지 못한다. 역사철학도 미래에 대한 인간의 주된 희망, 인간의 존엄에 어울리는 사회에 대한 믿음 그리고 가치 기준과 명법들을, 1790년대 칸트 논문들에서 볼 수 있듯이, 도덕철학에서 얻고 있다. 유적 존재로서의 인간의 사명은, 인격체로서의 개인의 지위가 그렇듯이 경험이라는 "두더지의 눈"(『속언』 A 205)에는 은폐되어 있다.

실천의 삼분법과 인간학 그리고 역사철학 사이에 성립하는 내적인 연관을 발견하는 일은 단순히 칸트 문헌학의 관심사에 그치는 것이 결코 아니다. 그것은 오히려 아주 커다란 실질적 의미도 지닌다. 역사철학—보다 정확하게 말하면, 여기서 그 다양한 형태들과 변용을 규명할 수는 없으나 오늘날 지배적인 한 특정한 유형의 역사철학—은 현대에 있어서 행동 지침의 한 암시적인 원천이 되었

---

30) 이 책 pp. 114 ff. 참조.

고, 그래서 그것에 고유한 종류의 실천이 생명력을 얻게 되었다. 이 실천은 점점 더 위협적인 기세로 외부로부터의 간섭을 거부하고 있고, 심지어 유일하고도 완전한 의미의 실천으로 간주되는 일도 드물지 않다. 이로부터 빚어지는 아마도 가장 심각한 결과는 개별적인 덕목들이 사회적인 앙가주망에 의해 대체된다는 점일 것이다. 그러나 만일 역사철학이 그 최종 목표와 그 파토스를 도덕적인 차원에서 얻는다면, 다음과 같은 일이 일어난다. 역사철학이 줄 수 있는 행위의 지침들은, 그들의 중요성이 손상되지 않은 채로, 도덕철학에 맞서도록 요구되지 않을 수 있다. 오히려 도덕적인 기초로부터 벗어나면 벗어날수록 그 만큼 그것들은 자신들의 본래적인 힘과 자신들이 지향하는 의미를 상실하게 된다. 인간이 현재 속에 살고 있는 개인으로서의 자신의 동일성을 포기하면서, 역사 과정 내에서 유적 존재로서의 자신의 동일성을 실현시킬 수는 없다. 포기한다면 그는 동시에 역사의 나침반을 상실하게 된다. 그러므로 역사철학의 행위 지침들은 도덕적 정언 명법과 같은 지위를 가질 수는 없다. 또한 그것들은 윤리학의 "신중하고-추상적인 모습"에 대한 "과감하고-구체적인" 대안 혹은 교정 역할 같은 것도 될 수 없다.[31] 오히려

---

31) Odo Marquard, *Zur Geschichte des philosophischen Begriffs "Anthropologie" seit dem Ende des achtzehnten Jahrhunderts* (in: *Collegium Philosophicum*, Studien, Joachim Ritter zum 60. Geburtstag, Basel u. Stuttgart 1965), p. 214. "칸트의 근본 관심은 생활 세계를 향한 비판적 전회 이후 즉각 역사철학으로 향한다―그것의 신중하고 추상적인 모습, 즉 윤리학과, 또한 그것의 과감하고 구체적인 모습인 '세계 시민적 관점에서 본 보편사'의 철학이 관심사가 된다. 그는 또한 인간학을 '생리학적'인 인간학으로서가 아니라 …… 오로지 '실용적인' 인간학으로서만 인정하는데, 이는 그가 인간학을, '자유롭게 행위하는 존재로서의 인간이

여기서 칸트가 『단편』 7200[32]에서 수완과 도덕성의 관계에 대해 적고 있는 것이 의미상으로 타당하다. 도덕적 명법은 역사철학의 모든 명법을 제한하는 조건들을 포함한다. 따라서 올바로 이해되는 경우 역사철학은—같은 맥락에서 발전되어 나온 인간학과 마찬가지로—하위의 학문이다. 좁은 의미의 인간학이 "개인"으로서의 인간에 관여한다면, 역사철학은 유적 존재로서의 인간을 주제로 삼으며, "우리의 지평을 사적私的인 사명을 넘어 종種의 의도에까지 확장시키려" 한다.(『단편』 1467: XV 645 f.) 이 두 학문은 그들의 포괄적인 기준들과 추진력을 도덕적인 차원에서 얻기에, 실천철학 전체의 체계상으로 볼 때 도덕철학에 종속되어 있다. 이 같은 관계에 대한 성찰은 아마도 현대의 공공公共 의식 가운데 은닉되어 있는—우리가 우려하는 바—몇몇 전도顚倒된 생각을 세계로부터 몰아내는 데에도 기여할 수 있을 것이다.

자기 자신으로부터 만들고, 만들 수 있으며, 만들어야 하는 것이 무엇인가' 라는 근본적으로는 역사철학적인[!] 물음에 대한 대답으로 간주했기 때문이다." 이 글은 그의 저서 *Schwierigkeiten mit der Geschichtsphilosophie*, Frankfurt a.M. 1973의 "인간학 비판과의 이별을 위한 준비"(p. 83)라는 생경한 제목을 지닌 2부에 재수록되어 있다. ebd. p. 128.
32) 이 책 p. 109 참조.

윤리와 정치

정치적으로 행위하는 자가 자기 자신일 경우는 언제인가?

'윤리와 정치'라는 표현은 그 안에 포함된 '와'라는 조사로 인해 어떤 특정한 선이해Vorverständnis를 암시하고 있다. '와〔또는 '과'〕'라는 단어는 일반적으로 두 개의 상이한—서로 친밀하거나 대립되는—사물들 혹은 사태들을 하나로 묶는다. 책상과 침대, 유럽과 미국, 호르크하이머와 아도르노, 남자와 여자, 친구와 적, 정신과 힘, 유한과 무한 등이 우리가 '와〔또는 '과'〕'라는 말을 사용하여 두 단어들을 묶는 통상적인 방식의 예들이다. 그래서 "윤리와 정치"라는 표현도 처음부터 이 두 단어들 사이의 관계가, 상이한 두 항목들이나 근본적으로 서로 근접해 있거나 대립된 항목들 사이의 관계를 나타내고자 한 것으로 생각하기 쉽다. 이러한 관계에 대해 좀 더 자세히 검토해보자. 예컨대 우리는 그것이 두 개의 서로 소원하거나 가까운, 혹은 서로 친밀하거나 적대적인 사물들, 태도들, 관심들, 행동 방식들 등등 간의 관계인가 하는 것을, 이렇게 전적으로 아주 자명하게 여겨지는 토대 위에서 매우 다양한 방식으로 고려해볼 수 있을 것이다. 이러한 고찰 방식에서는 항상 윤리나 도덕이 외부로부터 정치에게로 다가가는 어떤 것으로 간주된다.

그러나 '와'(또는 '과')라는 단어는 아주 다른 종류의 맥락에서도 쓰일 수 있다. 우리가 좀 더 주의 깊게 살펴보면 위에서 언급된 논리적 관계가 처음 볼 때처럼 그렇게 명백하지 않다는 사실을 알 수 있다. 그것은 상이하고, 어느 정도 서로 독립적인, 어찌 되었든 적어도 서로 분리된 것으로서 생각될 수 있는, 그러한 사실들 사이의 결합을 나타낼 뿐만 아니라, 전체와 부분의 결합을 의미하기도 한다. 독일사회민주당과 바아Egon Bahr, 위증과 거짓말, 연방과 주, 여가 시간과 스포츠—이 모든 것들은 그 안에서 하나가 다른 하나와 **병치되어** 있는 것이 아니라, 그 다른 하나에 **포함되어** 있는 관계의 여러 모습들을 보여준다. 그러면 이러한 두 가지 그룹들 중 어디에 윤리와 정치의 관계가 속하는가?

이어지는 논의를 통해 〔내가〕 주장하고자 하는 명제는, 윤리와 정치의 관계가 첫째 그룹이 아니라 둘째 그룹에 속한다는 것이다. 물론 정치와 무관한 윤리적 행위도 있고, 또 정치적 행위가 윤리적 행위 안에 완전히 포섭되는 것도 아니다. 그러나 정치적 행위는 그것이 만일 제대로 된 이해에 바탕을 둔 것이라면 본질적인 구성 요소로서 윤리적 행위를 포함하고 있다. 정치적 행위는 전체적으로 보면 늘 윤리적 행위이기도 하다. 그렇지 않다면 그것은 공허한 것이 되고 만다.

이러한 명제를 좀 더 자세히 규명하고 명확하게 하기 위하여 먼저 다시 한번 칸트 철학의 몇몇 기본 사상을 상기할 필요가 있겠다.[1] 그렇게 함으로써 우리는 위의 명제를 내용적인 측면에서 더 보강시킬 수 있을 것이다. 이미 앞 장에서 밝힌 바와 같이 칸트는 인간 행위의 세 가지 상이한 근본 형식들 내지는 종류들을 거듭 날카롭게 구분하고 있고, 이를 위해 일반적으로 '기술적', '실용적', '도덕적'이라는 개념들을 사용하고 있다. 칸트에게 매우 중요한 의미를 지녔음에 틀림없는 이러한 구분이 완벽한 것인지, 또는 인간 삶의 특정한 차원들을 빠뜨린 것은 아닌지 하는 물음은 여기서 다루지 않기로 한다. 그러나 여하튼 그러한 개념들을—그리고 특히 그 개념들의 의미 내용을—올바로 이해함으로써, 우리는 정치적 행위를 좀 더 명석하게 이해하고, 그것이 내포하는 갈등을 의식하며, 또 그것이 자기 자신을 오해하는 것을 방지하는 데에도 도움을 얻을 수 있다.

칸트에게 있어서 **기술적** 행위는 언제나 "사물" 혹은 "기계"에 관여하고 있다. 이 행위는 가장 포괄적인 의미에서의 삶을 유지하는 데 필요한 수단들을 마련한다. 또 이것은 여러 종류의 과제들과 목표들을 실현하는 데 있어 자연의 법칙성에 그리고 그 자연의 세계와 기술의 세계로부터 인간에게 부과되는 과제들에 그 시선을 맞추고 있다. 이 행위의 "규칙들"은 개별 학문들에 의해 마련된다. 이 기술적 행위의 올바른 수행을 칸트는 "기량"의 문제라고 보았다. 칸트가 그 중요성을 항상 반복하여 강조했던 이러한 종류의 행위는 오늘날 자주 약간 부정적인 의미를 지닌, '기술 지배적' 행위라고 지칭된다.

기술적 행위와는 달리 **실용적** 행위는 칸트에게 있어 언제나 인간

---

[1] 이 책 pp. 102 ff. 참조.

에 관여하는 행위이다. 그러나 이때 인간은 자연의 다른 존재자들과 같은 의미에서의 인간이 아니라, 행위하는 존재자로서의 인간이다. 행위자가 무엇을 행하든 실용적 행위는 그 행위자 자신의 고유한 의도의 실현을 염두에 두고 있다. 실용적 행위의 궁극적인 목표는 자신의 행복(물론 그 내용은 매우 다양한 것일 수 있다)이며, 정치적인 관점에서 보면 국가의 "복지"이다. 이러한 의도를 달성하기 위하여 그리고 단지 그 이유만으로도, 실용적 행위는 타인들을 고려하며 그들을 자신의 목적을 위해 설득하고 이용하고자 한다. 그래서 실용적 행위는 타인들의 관심과 소망, 기분 상태, 약점 등을 겨냥하여 그것들을 자신의 기획 안으로 끌어들이려 한다. 칸트가 반복하여 언급하는 바에 의하면, 실용적 행위는 "어떻게 우리가 인간을 우리의 의도를 위해 이용할 수 있는가"(『지침』 p. 1)를 아는 것이다.[2] 실용적 행위가 따르는 준칙들 혹은 "충고들"은, 칸트에 의하면 개별 과학들이 아니라 그가 이해하고 있는 바와 같은 인간학 혹은 인간지Menschenkunde에 의해 탐구된다. 따라서 이러한 관점에서 보면 실용적 행위는 "수완"에 관한 것이다. 혹은 칸트가 말하듯 기량의 한 특별한 형태, 즉 사람들과의 교제에 있어서 "타인들을 자신의 의도대로 이용하기 위해 그들에게 영향력을 행사하는 …… 기량"(『정초』 B 42)에 관한 것이다.[3] 오늘날의 언어 표현으로는 '전략적taktisch'이라는 말이 여기에 가장 잘 어울릴 것이다. '전술적인strategisch'이라는 단어도 종종 비슷한 상황에서 쓰인다. 칸트는 이러

---

2) 이 책 pp. 114 f. 참조.
3) 이 책 pp. 107 f., 주석 10 참조.

한 종류의 행위에 대해서도 전혀 부정적인 생각을 갖고 있지 않았으며, 오히려 그 자신 대학의 선생으로서, 학생들이 자신의 인간학 강의에 의해 그러한 인간 행위의 능력을 습득할 수 있도록 평생 큰 노력을 기울였다.

원칙상 각자의 고유한 계획 및 의도와 관련된 이러한 기술적이고 실용적인 행위 이외에도 칸트는 전혀 다른 종류의 행위를 언급하고 있다. 도덕적 내지는 윤리적 행위가 그것이다. 이 행위는 "기량"이나 "수완"에 관한 것이 아니라, "도덕성"에 관한 것이다. 칸트에 의하면 이러한 행위는 다음과 같은 (모든 개인들이 스스로 수행해야만 하는) 성찰에 뿌리를 두고 있다. 즉 모든 인간은 자신의 삶에 관하여 스스로 결단해야만 하는 존재이며, "이러저러한 의지를 달성하기 위한 단순한 수단으로서 임의로 사용될 수는 없는 존재라는 것"(『정초』 B 64)이다. 이것은 타인 역시, 내가 나의 가능한 온갖 목적들을 실현하기 위한 도구로서 사용하고 처리할 수 있는 존재이거나 나 자신을 위한 연극의 한 배역이 아니라, 오히려 그 자신이 자기 자신의 목적들에 대해 스스로 결정할 수 있고 또 해야만 하며, 그래서 내가 나를 위해 요구하는 권리와 똑같은 권리를 인정해주어야만 하는 그러한 존재라는 것을 의미한다. 이러한 통찰에 이르러서야 비로소 타인은 그 자신으로서 다시 말해 한 인격체로서 나의 사고와 행위 속에 참여하게 된다. 이로써 나의 행위는, 타인의 인격성이 나의 행위에 대해 설정하는 넘지 못할 한계와 거듭 마주치게 된다. 그리고 나의 행위는 자신이 어떤 **무제약적인** "명령"에, 즉 내게 아무런 선택의 여지도 남겨 놓지 않는 **정언** 명법과 결부되어 있음을 알게 된다.

5. 윤리와 정치 139

바로 이러한 성찰이 인간의 행위로 하여금 무제약적인 진지함을 지니게 한다. 기술적 행위와 실용적 행위가 그 행위의 계획과 의도를 주어진 그때그때의 상황에 맞추고 또 어느 정도는 임의대로 변경할 수 있는 데 반해(따라서 이러한 행위는 항상 오직 가언적인 행위 지침들이나 명법들과 관련되어 있다), 도덕적 행위는 이러저러한 것이 반드시 그러해야만 하고 그렇지 않아서는 안 된다는 인식, 즉 그것이 "의무"라는 인식에 언제나 직면해 있다. 개별적인 행위자는 이러저러한 경우들에 있어 타인의 권리가 구체적으로 어디에서 성립하는지, 또 어떤 형태로 그러한 타인의 권리를 자신의 행위에서 참작할 것인지를 종종 알지 못할 수도 있다. 그리고 무수히 많은 개별 사례들의 경우에 적합한 도덕적 명령들을 인식하지 못할 수도 있다. 그럼에도 불구하고 인간은 도덕적인 것 안에서 자신에게 고유한 새로운 차원의 실존을 발견하게 된다. 즉 자신이 오로지 제약들과 우연들로 점철된 세계 속에 살고 있을 뿐만 아니라 어떤 절대적인 것과 무제약적인 것과도 대면하고 있으며, 또 그가 어떻게든 선택할 수 있는 많은 가능성들이 존재할 뿐만 아니라, 반드시 그래야만 하고 그렇지 않을 수는 없다는 것을 그가 무제약적으로 보증해야만 하는 그러한 어떤 것도 있다는 사실을 발견하게 된다. 이러한 발견에 이르러서야 비로소 인간은 무엇과도 비교할 수 없는 자기 자신이 되며, 한갓 가능성들의 노리개이기를 멈추고, 그 자신의 정체성을 획득하게 된다.

이상과 같이 개괄해본 행위의 삼분법이 윤리와 정치의 관계에 대한 문제에서 어떤 의미를 지니는가? 그것은 이 문제를 해명하는 데 어떤 기여를 할 수 있는가? 우리는 서두에서 제시했던 명제, 즉 정치적 행위는 전체적으로 보면 윤리적 내지 도덕적 행위를 본질적인 요소이자 포기할 수 없는 요소로서 포함한다는 명제를 이제 다음과 같이 보다 정확하게 진술할 수 있다. 즉 정치적 행위는 기술적이며 실용적이자 도덕적인 숙고와 동기로부터 골고루 양분養分을 공급받는다는 것이다. 한 정치가의 자질은 무엇보다도, 그가 얼마만큼 이 세 계기들이 언제나 합리적인 관계를 유지할 수 있게끔 하는가에 달려 있다고 할 수 있다. 이를 부정적인 방식으로 표현해보면, 기술적 행위와 실용적 행위가 정치적 행위의 내용을 완전히 포섭하지 못한다는 것을 의미한다. 따라서 기술적이고 실용적인 조치로 〔남김없이〕 환원될 수 있는 정치적 행위는, 정치 자체의 본질적인 요소, 또 궁극적으로는 결정적인 요소를 결여하고 있는 것이다.

기술적 행위가 정치적인 행위에서 포기될 수 없는 한 요소라는 점은 현대의 고도화된 산업사회에서는 명백한 사실이다. 현대의 기술과 그것에 내재하는 법칙성, 교역 통상의 구조, 원자재의 보유나 부족 현황, 경제적 의존 관계 등과 이러한 것들이 가져올 수 있는 결과들을 무시하려는 정책은 아주 쉽게 실패하고 말 것이다. 그렇기 때문에 우리가 그것을 유감으로 받아들이든 말든, 오늘날 정치에 있어서 전문가는 하나의 본질적인 기능을 담당한다.

정치, 특히 국내 정치에서 **실용적** 행위가 요구된다는 사실도 오늘날 아주 분명한 사실처럼 여겨질 수 있다. 민주주의 체제들이나 민주주의를 표방하고 있는 현대 서구 산업국가들의 정당들은, 그들의 정책에 대한 다수의 지지를 필요로 하므로 매우 상이한 계층에 속하는 국민들의 관심과 정서를—그리고 그들의 변덕까지도—고려해야만 하기 때문이다. 기술적인 측면에서 긴박하게 요청되는 많은

5. 윤리와 정치

조치들을 실행하기 위해서는 국민들의 다수가 실제로 그 조치들의 필요성을 확신하도록 만들어야 하며, 이때 그들의 관심들을 실용적으로 고려해야 한다. 현대에서 여론조사가 차지하는 중요성이 여기에 그 근거를 둔다. 이러한 상황에서 기술적인 고려와 실용적인 고려 사이에 드물지 않게 (전반적으로 여하한 도덕적 판정과도 무관한) 경쟁 관계가 성립할 수 있다는 사실을 칸트는 때때로 암시하고 있다. "인간들과 기계들을 다루는 것은 각기 매우 상이한 종류의 기술을 필요로 한다."(『인간학 강의』 p. 2)[4]

〔정치적인 행위에서 요구되는〕 **도덕적인 것**에 관해 이야기하기란 훨씬 더 어렵다. 물론 간결한 (그리고 아주 올바른) 해법이 있기는 하다. 정치적 행위는 특별한 정도로 타인들과 관계한다는 것이 그 해답이다. 즉 그 결과가 결코 나 혼자에게만 관계하는 것이 아니라 늘 타인들과 관계한다는 것이다. 정치적 행위는 따라서 그야말로 도덕적 요구, 그러니까 타인의 인격성으로 인해 나 자신의 의욕을 제한할 수밖에 없는 문제와 마주하고 있는 셈이다. 그러나 이와 같은 논의에서는 도덕적인 것이 단지 외적으로만 정치적인 것에 접근하고 있는 것이며, 이것은 사람에 따라 때로는 진지한 요구, 때로는 귀찮은 경고, 또 때로는 세상물정을 모르는 오만함으로 비춰지기도 한다. 이미 사전에 도덕적인 것의 필연성에 대해 확신하고 있지 않은 사람은, 이러한 논의에 의해서는 거의 혼란을 느끼지 않을 것이다.

그러므로 이제 우리는 문제 상황을 다른 관점에서 접근해보고자 한다. 우리는 도덕적인 것 혹은 윤리적인 것이 정치적 행위의 전체

---

[4] 이 책 pp. 103 f. 참조.

문맥 속에서 지니는 **적극적인 기능**을 문제 삼고자 한다. 물론 이것은 오늘날 유행하듯이 도덕적인 것을 전혀 다른 종류의 목적들을 위한 수단으로 사용할 때처럼, 도덕적 논거들을 실용적인 의도를 가지고 남용하거나 오용하는 경우를 고려하겠다는 뜻이 아니다. 그러한 경우도 흠이 있는 도덕성의 한 양태를 보여주는 흥미로운 현상임이 분명하다. 그런데 이때 도덕성이 갖고 있는 비밀스러운 힘은 단지 왜곡된 방식으로, 또 그 경우에 관계하고 있는 사람들의 실제적인 의도에 대립해서만 드러날 뿐이다. 우리가 이제 다루고자 하는 물음은 오히려 **정치적인 행위자의 정체성**에 관한 것이다. 이 물음이 의도하고 있는 바는 다음과 같다. 정치가 개개인에게 그들의 뒤바뀔 수 없는 정체성을 부여하는 것은 무엇인가? 그들로 하여금 그들 자신이 되게 하는 독자성은 어디에 근거하는가? 개인의 정체성을 보장하는 데에는 기술적인 행위와 실용적인 행위만으로도 충분한가?

얼핏 생각하기에 이러한 질문은 물론 좀 별나 보인다. 신분증만으로도 누군가의 정체성을 확인하기에 충분한 것으로 여겨지기 때문이다. 그러나 실은 어리석어 보이는 이 질문 뒤에 현대의 중요한 문제들 중 하나가 숨어 있다.

기술적 행위 그 자체만으로는 얻고자 하는 정체성을 확보하는 데 역부족이다. 정치적인 행위자는 이 분야에서는 그가 어떻게 해볼 수 없는 이미 주어져 있는 법칙성 내지는 사태 그 자체로부터의 강요에 상당한 정도로 구속되어 있다. 좀 더 정확하게 표현한다면, 그러한 사태의 강요에 관한 전문가들의 판단에 의존하고 있다. 여기서 필요한 결정들은 대부분 외부로부터 제시된다. 각자가 서로 정치적 근본 입장이 다르다 할지라도, 사태에 관한 동일한 지식 그리고 〔대처〕 능력으로 인해 이러한 기술적 영역에서는 어떻든 동일한 정책을 펼 수밖에 없다. 현대의 특징적인 모습인 기술 분야에서의 급속한 변화는, 외부적인 요소들에 대한 그러한 의존성을 필요 이상으로 심화시킨다. 그래서 정치적인 행위자는 기술적인 행위의 범위 내에서는 실제로 전혀 그 자신이 아니며, 그 자신으로부터 자유로운 소질을 앗아가는 필연성들에 의해 지배되는 포로이다.

이와 유사한 것이, 전혀 다른 종류의 이유로 해서 그러한 것이지만, **실용적인 것**의 영역에서도 일어난다. 실용적인 행위는 그 이념상 자기 자신이 설정한 목적에 의해, 일반적으로 복지와 행복[5]에 관한 매우 주관적인 표상에 의해 수행된다. 따라서 실용적 행위는 〔특정한 목표에 대해〕 '우선권'을 부여하거나 장기적이고 전술적인 목표들을 추구하기 마련이다. 그러나 행위자는 그의 의도를 실현하는 데 있어, 그 자신의 목표를 위해 설득해야 할 사람들의 관심과 경향에 스스로를 맞추어 나아가는 일에 점차 얽매이게 된다. 여론이 바뀌고 여론조사의 결과가 다르게 나타날 때마다, 전략적으로 새로운 조정과 책략이 필요할 수 있다. 이러한 조정에로의 강요는 그러나 알게 모르게 전략적 주요 목표들에게까지 영향을 줄 수 있다. 실용적 행위의 목적들과 〔목적들 간에 부여하는〕 우선권이 자의적으로 설정된 것이고 따라서 언제나 가변적인 것들인 동안에는, 이러한 차원에서도 어떤 확고부동함을 기대하기란 거의 불가능하다. 이 경우 행위는, 좀 과장하여 표현한다면, 행위하는 주체로부터 이탈된 것일 수 있다. 정치적 성공이란 어느 시점에 이르면, 주어지

---

[5] 이 책 pp. 93 ff. 참조.

는 상황에 끊임없이 굴종한, 따라서 마침내 전혀 자기 자신이 아닌 어떤 자의 성공, 그러니까 어느 누구의 성공도 아닌 것일 수 있다. 바로 이런 까닭에 실용적인 행위는, 권력 행사 자체가 목적이 되는 그리고 정적政敵에 대한 승리의 대가를 자신의 정체성에 대한 상실로 지불하는 위험에 항상 직면한다. 다수 정치가들의 생계유지 문제와 정치적 직무 수행이 불가분의 관계를 맺고 있는 그러한 정치체제하에서는, 정치적인 것이 실용적인 것으로 왜소화되기 쉽다. 명사名士들이 교환 가능한〔이를테면 신념이나 당적을 바꾸는 경우에서와 같이〕 것은 우연이 아니다.

도덕적 혹은 윤리적 차원에서는 양상이 전혀 다르다. 모든 진정한 도덕적 통찰은, 개인 스스로가 무제약적이고 정언적인 요구에 직면하고 있음을 아는 데에서 성립한다. 어떠한 전문가도 그로부터 이러한 통찰을 빼앗아 갈 수 없으며, 또한 이 통찰은 변화하는 여론 추세에 따른 타협을 허락하지도 않는다. 이 통찰은 논증을 통해 수정되거나 더 나은 도덕적 통찰에 의해 대체될 수는 있지만, 특정한 목표에 도달하는 것이 문제가 되어서 그때그때의 상황에 따라 처분될 수 있는 것이 아니다. 이것은 행위자는 도덕적인 것의 차원 안에서 스스로 자기 자신을 돌보아야만 하며, 비로소 자신의 진정한 정체성을 발견하게 된다는 것을, 그리고 다른 무엇과도 바뀔 수 없는 자기 자신이 된다는 것을 의미한다. 도덕적 요구가 정치적인 목표들의 실현을 자주 어렵게 만들거나 아예 불가능하게 만들 수도 있다. 역사는 도덕적으로 행위하기란 결코 쉬운 일이 아니라는 것을 가르쳐주고 있다. 그러나 도덕적 차원 안에서야 비로소 정치적 행위자가 반격을 견뎌내고, 패배를 감수하며, 역경 속에서도 자신의 일을 위해 책임을 다할 수 있는 힘을 얻게 된다는 것 또한 사실이다.

현대의 작가들 중에서 이러한 문제를 또렷하게 인식한 사람으로 알렉산더 솔제니친Aleksander Solschenizyn을 꼽을 수 있다. 그는 자신의 작품 『굴락 군도群島Archipel GULAG』에서 왜 저 저명한 공산주의자들이 스탈린 시대의 공개 재판에서 그토록 철저하게 파멸하고 말았는지, 또 그들이 "수수께끼같이 판결에 복종"[6] 한 이유가 어디에 있는지 하는 물음을 집요하게 던지고 있다. 솔제니친은 그 가장 결정적인 이유를, 도덕적인 통찰에 의해 비로소 눈뜨게 되는, 앞에서 말한 정체성의 결여에서 찾고 있다. 그는 다음과 같이 적고 있다. "부카린Nikolai Iwanowitsch Bucharin은 무엇을 가장 두려워했는가? 신뢰할 만한 소문에 의하면, 그는 당에서 축출당할까 봐, 즉 당을 잃게 될까 봐, 그러니까 목숨을 유지하되 국외자로 남게 될까 봐 두려워했다!" "부카린([뿐만 아니라] 그들 모두!)은 독자적 관점을 갖고 있지 못하였다. 그들에게는 진정한 의미의 반대 이데올로기, 그러니까 그 이데올로기로부터 자신들을 분리시켜 스스로를 확립시킬 수 있는 그러한 것이 없었다."[7] "그들 모두에게는 투쟁을 위한 도덕적 뒷받침이 결여되어 있었던 것이다"[8]

---

6) Alexander Solschenizyn, *Der Archipel GULAG*, Einzig autorisierte Übersetzung aus dem Russischen von Anna Peturnig, Bern u. München 1974, p. 385.
7) Ebd. p. 393.
8) Ebd. p. 385.

옮기고 나서

『현대에 도전하는 칸트Kant als Herausforderung an die Gegenwart』라는 이 책의 도발적인 제목에 잘 드러나 있듯이, 여기에는 우리의 잘못된 현실을 개선할 것을 요구하는 칸트의 목소리가 담겨 있다. 이러한 목소리를 끄집어내기 위해 오늘날 우리가 흔히 취하는 방법은 현대적 관점과 문제 상황의 바탕 위에서 칸트 철학을 새롭게 이해하는, 이른바 해석학적 방식일 것이다. 그러나 지은이는 오히려 이와는 반대되는 방식을 택하고 있다. 그는 문헌학적 및 발전사적 연구를 통해 칸트가 걸었던 길을 따라가며 칸트 철학의 생성 과정을 있는 그대로 재현시키고자 한다. 언뜻 보기에 이러한 시도는 제목에서 시사하고 있는 이 책의 의도를 충족시키기에는 미흡한 것처럼 여겨진다. 그러나 지은이의 시도는 일차적으로 칸트 철학에 대한 피상적인 이해를 넘어서서 그의 철학적 숙고 과정에 동참하는 것을 가능하게 해준다. 이를 통해 우리는 현대적 지평의 틀 안에서는 볼 수 없었던, 오늘날의 의식 경향과는 전혀 다른 칸트 철학의 사유 방식이 무엇인지를 파악할 수 있게 될 것이고, 이와 동시에 우리는 습관화된 잘못된 사고방식과 이로부터 발생하는 문제점을 깨닫게 될 것이다. 이러한 모든 것은 칸트 사상을 밖에서 접근하는 것이 아니라, 이 책에서처럼 '안으로부터' 이해하고자 할 때 비로소 가능하게 될 것이다.

다섯 개의 주제로 이루어진 이 책은 칸트의 생애에 관해 다루고 있는 첫 번째 주제를 제외하고는 칸트의 실천철학에 대한 내용을 담고 있다. 각 주제에 담긴 지은이의 의도와 각 주제의 핵심적인 내용은 지은이의 서문에 잘 요약되어 있다. 지은이의 서문을 참조하면서 읽으면 이 책을 이해하는 데 많은 도움을 얻을 수 있을 것이다.

지은이인 힌스케 교수는 옮긴이 두 사람의 박사 논문 지도 교수이기도 하다. 이 번역이 나오기까지 5년 이상의 세월을 묵묵히 기다리고 또 격려해준 힌스케 교수님께 깊은 감사를 드린다. 그리고 출판사를 소개해준 손동현 교수님, 기꺼이 출판을 맡아준 이학사 강동권 사장님, 꼼꼼이 교열을 보아준 이학사 편집부에도 감사를 드린다. 이 책을 작년 봄에 고인이 되신 힌스케 교수의 부인께 바친다.

2004년 1월
이 엽, 김 수배

약어표

『계몽』:『계몽이란 무엇인가라는 질문에 대한 답변Beantwortung der Frage: Was ist Aufklärung?』

『논리학』:『임마누엘 칸트의 논리학Immanuel Kants Logik』

『논쟁』:『학부 간의 논쟁Der Streit der Fakultäten』

『단편』:『단편Reflexion』

『덕론』:『도덕형이상학: 덕론의 형이상학적 기초Die Metaphysik der Sitten in Zwei Teilen: Metaphysische Anfangsgründe der Tugendlehre』

『명료성』:『자연 신학과 도덕의 원칙들의 명료성에 관한 연구Untersuchung über die Deutlichkeit der Grundsätze der natürlichen Theologie und der Moral』

『발견』:『순수 이성에 대한 모든 새로운 비판이 낡은 비판에 의해 불필요하게 된다고 하는 발견에 관하여Über eine Entdeckung, nach der alle neue Kritik der reinen Vernunft durch eine ältere entbehrlich gemacht werden soll』

『방향 정하기』:『사유의 방향을 정한다는 것은 무엇을 뜻하는가?Was heißt:

sich im Denken orientieren?』

『백과전서 강의』:『철학적 백과전서 강의들Vorlesungen über Philosophische Enzyklopädie』

『법론』:『도덕형이상학: 법론의 형이상학적 기초Die Metaphysik der Sitten in Zwei Teilen: Metaphysische Anfangsgründe der Rechtslehre』

『속언』:『이론상으로는 옳으나 실천에서는 무용하다는 속언에 관하여Über den Gemeinspruch: Das mag in der Theorie richtig sein, taugt aber nicht für die Praxis』

『순수이성비판』:『순수이성비판Kritik der reinen Vernunft』

『영구평화』:『영원한 평화를 위하여Zum ewigen Frieden』

『윤리학 강의』:『칸트의 윤리학 강의Eine Vorlesung Kants über Ethik』

『이념』:『세계 시민적 관점에서 본 보편사의 이념Idee zu einer allgemeinen Geschichte in weltbürgerlicher Absicht』

『인간 탐구』:『임마누엘 칸트의 인간 탐구 혹은 철학적 인간학Immanual Kant's Menschenkunde oder philosophische Anthropologie』

『인간학』:『실용적 관점에서의 인간학Anthropologie in pragmatischer Hinsicht』

『인간학 강의』:『임마누엘 칸트의 주요 철학 강의들: Ⅰ. 인간학Die philosophischen Hauptvorlesungen Immanuel Kants: I. Anthropologie』

『인간학 1791~1792』:『1791~1792 겨울 학기의 미출간 강의 노트에 따른 칸트의 인간학 강의Aus Kants Vorlesungen über Anthropologie nach einem ungedruckten Kollegheft vom Wintersemester 1791~92』

『정초』:『도덕형이상학 정초Grundlegung zur Metaphysik der Sitten』

『종교』:『단순한 이성의 한계 내에서의 종교Die Religion innerhalb der Grenzen der bloßen Vernunft』

『종말』:『모든 사물들의 종말Das Ende aller Dinge』

『지침』:『임마누엘 칸트의 인간지와 세계지에 관한 지침Immanual Kant's Anweisung zur Menschen- und Weltkenntniß』

『판단력비판』:『판단력비판Kritik der Urteilskraft』

『헤르더』:『요한 고트프리트 헤르더의 '인류 역사의 철학에 관한 이념' 서평 Rezensionen zu Johann Gottfried Herder: Ideen zur Philosophie der Geschichte der Menschheit』

『형이상학 서론』:『학으로 등장할 수 있는 미래의 모든 형이상학을 위한 서론 Prolegomena zu einer jeden künftigen Metaphysik, die als Wissenschaft wird auftreten können』

『형이상학의 진보』:『형이상학이 라이프니츠와 볼프의 시대 이래 독일에서 이룩한 실제적인 진보가 무엇인가?Welches sind die wirklichen Fortschritte, die die Mataphysik seit Leibnizens und Wolffs Zeiten in Deutschland gemacht hat？』

『활력』:『활력의 참된 측정에 관한 사상Gedanken von der wahren Schätzung der lebendigen Kräfte』

A : 1판

B : 2판

원전 색인

여기에 사용된 칸트 원전은 다음을 따랐다.

1. Immanuel Kant, Werke in sechs Bänden, Herausgegeben von Wilhelm Weischedel, Darmstadt ⁵1975 (¹1956~1964) 〔=바이셰델판〕.

2. Kant's gesammelte Schriften, Herausgegeben von der Preußischen Akademie der Wissenschaften, Bd. 1~23 (Werke, Briefe und Handschriftlicher Nachlaß), Berlin 1900~1955, Bd. 24 ff.(Vorlesungen), Berlin 1966 ff.〔=학술원판 칸트 전집〕.

칸트 생존 시 출판된 저서들은 가능한 한 바이셰델판에 의거해 인용하되, 이곳에 제시된 원판의 쪽수로 표기한다. A는 1판, B는 2판을 나타낸다. 서간문, 유고, 강의 필기 등 바이셰델판에 수록되지 않은 글들은 (학술원판 칸트 전집에 수록된 것들일 경우) 그곳에 표기된 서간문과 단편들의 번호로 인용한다. 로마 숫자는 이 전집의 권수를, 아라비아 숫자는 쪽수를 나타낸다.
[각 작품의 끝의 괄호 안에 표기한 것은 본문에서 인용한 약어이다.]

『활력의 참된 측정에 관한 사상』
(『활력』)
    A V   42
    A VI   42
    A 194   50, 64

『보편적 자연사와 천체 이론Allgemeine Naturgeschichte und Theorie des Himmels』
    A XXV f.   56, 64

『자연 신학과 도덕의 원칙들의 명료성에 관한 연구』(『명료성』)
    A 87   65

『1765~1766년도 겨울 학기 강의 공고안Nachricht von der Einrichtung seiner Vorlesungen in dem Winterhalbenjahre von 1765~1766』
    A 15   53~54

『어떤 시령자의 꿈: 형이상학의 꿈을 통해 설명함Träume eines Geistersehers, erläutert durch Träume der Metaphysik』
    A 41   50

『순수이성비판』(『순수이성비판』)
    B XXXVIII f. 46
    B 22   46
    B 350   65
    B 780   46~47, 52
    B 867   47

『학으로 등장할 수 있는 미래의 모든 형이상학을 위한 서론』(『형이상학 서론』)
    A 7   46
    A 19   38

『세계 시민적 관점에서 본 보편사의 이념』(『이념』)
    저서 전반   51~52, 129

A 393	108	B 64	139
A 397	97		
A 402 f.	128		

『사유의 방향을 정한다는 것은 무엇을 뜻하는가?』(『방향 정하기』)

『계몽이란 무엇인가라는 질문에 대한 답변』(『계몽』)

A 329	43, 86

『판단력비판』(『판단력비판』)

A 481	22~23, 43, 81~82, 97
B 130	68
B 157	46

『요한 고트프리트 헤르더의 '인류 역사의 철학에 관한 이념' 서평』(『헤르더』)

B 158 f.	43
B 159	73~74

A 309	46

『순수 이성에 대한 모든 새로운 비판이 낡은 비판에 의해 불필요하게 된다고 하는 발견에 관하여』(『발견』)

『도덕형이상학 정초』(『정초』)

B 39 f.	123	B 63	46, 52
B 40	124	B 78	46
B 41	124~125		
B 42	107, 111, 121, 125~126, 138		

『단순한 이성의 한계 내에서의 종교』(『종교』)

B 43	126	B 212	46
B 43 f.	126	B 250	46
B 46	110		
B 46 f.	94, 110		

『이론상으로는 옳으나 실천에서는

『무용하다는 속언에 관하여』(『속언』)

A 201	101
A 205	131
A 232 ff.	92
A 235 f.	94
A 236	95~96
A 252	94
A 261	96

『모든 사물들의 종말』(『종말』)

A 496	46

『영원한 평화를 위하여』(『영구평화』)

B 68	46

『도덕형이상학: 법론의 형이상학적 기초』(『법론』)

A 114	84

『도덕형이상학: 덕론의 형이상학적 기초』(『덕론』)

A 125 f.	95

『학부 간의 논쟁』(『논쟁』)

A 31f.	85, 91
A 32	88, 91

『실용적 관점에서의 인간학』(『인간학』)

저서 전반	51~52
B 8	68
B 135	83~84
B 137	84
B 166	74
B 167	74, 81, 97
B 312 ff.	129
B 314	107, 130
B 318 f.	130
B 322	46

『임마누엘 칸트의 논리학』(『논리학』)

A 1 ff.	65
A 78	54~55, 63
A 84	74

『임마누엘 칸트의 자연 지리학Immanuel Kants physische Geographie』

학술원판, Bd. IX

164	54

『형이상학이 라이프니츠와 볼프의 시대 이래 독일에서 이룩한 실제적인 진보가 무엇인가?』(『형이상학의 진보』)

A 173	46~47

편지 왕래Briefwechsel

학술원판, Bd. X

Nr. 25	36
34	46, 50
40	74
57	38
67	74
70	38
77	27
79	38~39, 116~117
112	39
120	38
134	27
140	38
167	28
267	28

학술원판, Bd. XI

Nr. 540	28
577	108
632	44

수기手記 유고Handschriftricher Nachlaß

인간학Anthropologie

학술원판, Bd. XV

『단편』 375	89
430	50
528	84, 95
532	93
618	69
673	104
449	93
1467	130, 133
1482	52, 69, 116, 129~130
1486	46, 105
1502a	52, 107~108, 116
1508	91, 105, 108

수기 유고,
논리학Logik
학술원판, Bd. XVI

『단편』1562   65
    1578   68
    2141   55
    2147   68
    2187   72~73
    2193   55
    2204   94
    2212   57
    2213   72~73
    2250   55
    2269   48
    2273   55, 74
    2564   74
    2649   46

수기 유고,
형이상학Mataphysik
학술원판, Bd. XVII

『단편』3643   105
    4256   106
    4445   117

학술원판, Bd. XVIII

『단편』5024   42
    5116   39, 75
    5635   46
    6307   48

수기 유고,
도덕철학, 법철학, 종교철학Moralphilosophie, Rechtsphilosophie und Religionsphilosophie

학술원판, Bd. XIX

『단편』6456   116
    6601   122
    6618   119, 122
    7200   109, 133

『'미와 숭고의 감정에 관한 고찰'에 대한 언급들Bemerkungen zu den Beobachtungen über das Gefühl des Schönen und Erhabenen』

학술원판, Bd. XX

    44   42
    148   109
    149   109

156	22	397	68~69, 72, 74
158	87	427	46
162	122	428	68

예비 작업과 추가 글들Vorarbeiten und Nachträge
학술원판, Bd. XXIII

『'요즈음 철학에 생겨난 고상한 논조에 관하여'를 위한 예비 작업 Vorarbeit zu Von einem neuerdings erhobenen vornehmen Ton in der Philosophie』

| 195 | 48, 71, 73 |

논리학 강의들Vorlesungen über Logik
학술원판, Bd. XXIV

『블롬베르크 논리학Logik Blomberg』

85	55, 68, 70
93	55
94	65, 67

『필리피 논리학Logik Philippi』

311 f.	65
395	55, 66
396	55, 66, 72

『푈리츠 논리학Logik Pölitz』

| 502 | 65 |
| 527 | 55 |

『빈 논리학Wiener Logik』

825	55
828	73
871	46
874	46

『임마누엘 칸트의 인간 탐구 혹은 철학적 인간학』(『인간 탐구』)

저서 전반	51~52
B XII	51
B 1	52
B 4	102~104
B 5	101, 104, 115
B 34	65
B 34 f.	51
B 105	51

B 223	89	89~93	86
B 224	52	90	89
B 246	51	91	95
B 365 ff.	129	91 f.	93
		92	86, 89

『임마누엘 칸트의 인간지와 세계지에 관한 지침』(『지침』)

『칸트의 윤리학 강의』(『윤리학 강의』)

1	107, 114~115, 138	저서 전반	118
120 ff.	129	4	119
		4 f.	120

『임마누엘 칸트의 주요 철학 강의들: I. 인간학』(『인간학 강의』)

		5	121~122
		6	122~123
2	104, 114, 142	21	122
88	89	22	123
88 f.	85		
357 ff.	129		
364	93		

『철학적 백과전서 강의들』(『백과전서 강의』)

『1791~1792 겨울 학기의 미출간 강의 노트에 따른 칸트의 인간학 강의』(『인간학 1791~1792』)

		저서 전반	105
		29	105
		48	54, 63
		52	46, 68
저서 전반	86	67	105~106, 108, 119
62	68		

도덕철학 강의들Vorlesungen über

Moralphilosophie

학술원판, Bd. XXVII

『콜린스 도덕철학Moralphilosophie

Collins』

저서 전반	118~119
243	101
245	101
255 f.	109, 118
257	109

『임마누엘 칸트의 형이상학 강의

Immanuel Kant's Vorlesungen über

die Metaphysik』

315	103

서평문 목록

[이 책에 대한 다음 서평들은 이 책이 출판된 후 독일어권뿐만 아니라 영어권과 슬라브어권, 이태리어권 등에서 나온 것들이다]

1. Kant-Studien, 72집(1981), pp. 201~203, 서평자: Rudolf L the.
2. Theologie und Philosophie, 56집(1981), p. 132, 서평자: J. de Vries, S. J.
3. Liberal, 23집(1981), pp. 477~478, 서평자: Urs Schoettli.
4. Philosophischer Literaturanzeiger, 34집(1981), p. 105, 서평자: Wolfram Steinbeck.
5. Giornale critico della filosofia italiana, 60집(1981), p. 267, 서평자: Claudio Cesa.
6. Philosophy and History, 15집(1982), pp. 110~112, 서평자: Wolfgang Scheffel.
7. The Review of Metaphysics, 36집(1982), pp. 453~455, 서평자: Alexander von Schoenborn.
8. La Nottola, 1집(1982), pp. 73~79, 서평자: Giovanni B. Sala, S. J.
9. Theoria, 25집(1982), pp. 164~166, 서평자: Milan Damnjanovi.
10. Voprosy filosofii, 3집(1982), pp. 142~145, 서평자: I. S. Andreeva.

11. Referateblatt Philosophie, Reihe E. Berlin 17집(1982), 2, Bl. 72(204), Ag 228/81/72~72a, 서평자: Reinhardt Pester

12. Zeitschrift für philosophische Forschung, 37집(1983), pp. 150~153, 서평자: Maximilian Forschner.

13. Tijdschrift voor Filosofie, 46집(1984), pp. 511~512, 서평자: J. Vandenbulcke.

찾아보기

[사항 찾아보기 – 독일어]

[ㄱ]

가치Wert
   내적인 — 123
   사물의 참된 — 105
   삶의 진정한 — 108
   절대적인 — 123
   직접적인 — 123
감정Gefühl 66
강압적 언급Machtspruch 76
강의 필기들Vorlesungsnachschrift
   12~13, 19, 21, 23, 52, 55~56, 82,
   95, 100, 102
개념Begriff
   단순 — 61
   복합 — 61
   올바른 — 61
   참된 — 61
개별 학문들Einzelwissenschaften 112, 120, 137
개인/개체Individuum 130, 132~133
(공평한) 검사Prüfung(unparteiische) 72
경탄Bewunderung 42
경향Neigung 45, 144
경험Erfahrung
   —이라는 두더지의 눈 131
   내적 — 66

찾아보기 165

계몽Aufklärung 12~13, 18, 41~78
—의 근본 신념 12~13
—의 정의 18, 22~23
—의 표어 81
독일 —주의 42~44, 49, 75, 80
~81, 86
고발Denunziation 71
공중Publikum 51, 91
공허함Leere 108
관대성Toleranz 53, 73
관리주의Dirigismus 94
관심Interesse 47~48, 66~67, 72, 100, 103, 135, 138, 144
관점Standpunkt 66, 74
계급에 따른 — 78
다른 사람의 — 68, 74
독자적 — 146
선험적 — 76
올바른 — 76
절대적 — 77~78
관찰의 학Beobachtungslehre 117
국가Staat 92, 138
국가 권력Staatsrecht 96
국가 최고 통치자Staatsoberhaupt 96

국민Volk 96
군주Souverän 96
권리Recht 92~93
(행위의) 규칙Regel(des Handelns) 101
객관적으로 실천적인 — 119
기량의 — 119~121, 126
도덕성의 — 106, 119, 121
도덕적 — 122
수완의 — 106, 119, 121
실용적 — 122
실천적 — 119
기량Geschicklichkeit 20~21, 102~107, 114, 116~121, 124~126, 129, 137~139
기억Gedächtnis 88
기하학Geometrie 120

[ㄴ]
논박Polemik 60
신랄한 — 70
논쟁Streit
견해들 간의 — 72
진리에 관한 — 72

[ㄷ]

다르게 생각하는 사람/자Andersdenkende, der   48, 61, 64, 68~69, 72~73, 77~78

다원론/다원주의Pluralismus   54, 68

　논리적 ―   68

다원주의자Pluralist   68

단편의 작성 연대 추정Reflexionen, Datierung ders   116

당파성Parteilichkeit   18, 61, 63, 73, 78

(개별적인) 덕목Tugend(individuelle)   132

덕의 실천Tugendpraxis   100

도덕Moral   106, 108, 110, 136

도덕Sitten   116

도덕성Moralität   129, 133, 139

　―의 이념   128

도덕성Sittlichkeit → (행위의) 규칙, (도덕의) 명령, 명법   20, 106, 111, 119, 133, 139

도덕적인 것Moralische, das   21~22, 140, 142~143, 145

　―의 우위   18, 109

도덕철학Moralphilosophie   115, 118, 127, 131~133

　좁은 의미의 ―   20~21, 107, 127

도야陶冶Bildung   128

독재자Despot   96

돈Geld   105

동일성/정체성Identität   109, 128~129, 132

[ㅁ]

마음Gemüt   112

(도덕적으로 선한) 마음씨Gesinnung (moralisch-gute)   128

마음을 끌음Anmut   104

매력Annehmlichkeit   104

(도덕의) 명령Gebot der Sittlichkeit   126

(무제약적) 명령Gebot(unbedingtes)   126, 139

명법Imperativ   119~120

　가언 ―   20, 118, 122~127

　개연적 ―   124~125

　기량의 ―   119~121, 125~126

　기술적 ―   126

　도덕성의 ―   109, 119, 126

도덕적 ― 109, 133
수완의 ― 119, 122, 126
실연적 ― 124~125
실용적 ― 122, 126
역사철학의 ― 133
정언 ― 20, 118, 123~124, 126, 132, 139
명사名士Prominenz 145
명예/영예Ehre 74
  신의 영예 110
  인간 이성의 명예 50
목적Zweck → 의도 139
  가능한 ― 122
  가변적인 ― 144
  부과된 ― 120~122
  인간의 보편적인 ― 121
  임의의 ― 120~121
  자연의 완전한 ― 130
  현실적 ― 124~125
  (최종) 목적Ziel(letztes) 111
  (철학적) 무관심Gleichgültigkeit(philosophische) 108
무제약적인 것Unbedingte, das 140
무지Unwissenheit 42

무학자Ungelehrter 47
문명Zivilisation 127~130
문화Kultur 127~130
물리학/자연학Physik 66, 112, 114
미래Zukunft 131
미성숙Minorennität 85, 93
미성숙Unmündigkeit → 미성숙Minorennität, 성숙 23, 79~97
  법률적 ― 82, 84
  법률적 의미에서의 ― 82~89
  사고에 있어서의 ― 85
  스스로 책임져야 하는 ― 22, 43, 81, 97
  시민적 ― 84
  신학적 의미에서의 ― 87~88
  자연적인 ― 84, 86
미성숙한unmündig 83, 97
미신Aberglaube 43, 91

[ㅂ]

(칸트의) 발전사Entwicklungsgeschichte (Kants) 21
방법Methode 50
(철학적) 백과전서Enzyklopädie(philo-

sophische) 105

(칸트의) 백과전서 강의Enzyklopädie-
vorlesungen(Kants) 46, 63, 105~108, 119

법의 실천Rechtspraxis 100

법정Richterstuhl 46

법칙Gesetz 65~66

도덕의 ― 126

보장Gewährschaften 92

보장Versicherung 92

보장 제공Gewährleistungen 92

보장주의Garantismus 92

보행기Gängelband 81

복지Wohlfahrt 92, 138, 144

복지/안녕Wohl 93, 110

보편적 ― 110

복지국가Wohlfahrtsstaat → 국가

본질/자연Natur 51, 58, 65, 92

부권 해제Emanzipation 84

부조리Verkehrtheit

극단적인 ― 77

완전한 ― 77

분석Analysis → 판단 45, 97

비당파성Unparteilichkeit → 당파성

비판Kritik 70~71, 75

[ㅅ]

사고Denken 85

사고방식Denkungsart 128

넓은 ― 74

자유로운 ― 74

사물Sache 103~104, 137

사물에 대한 전문 지식Sachverstand 21, 106

사태의 강요Sachzwang 143

사회Gesellschaft 130~131

사회 개혁Sozialreform 92

사회 관료 체제Sozialbürokratie 95

사회국가Sozialstaat → 국가

삶Leben 120

생활 세계Lebenswelt 132

선한/좋은gut 104, 110

그 자체로 선한 것 123

다른 것을 위해 선한 것 123

선천적a priori 125

선행Wohltätigkeit 95

선행Wohltat 95

선험철학Transzendentalphilosophie 76

섭리Vorsehnug 46

성공Erfolg 108~109

정치적 ― 144

찾아보기 169

성숙Mündigkeit → 성숙Majorennität,
  미성숙 18, 22, 79~97
  내면적인 — 96
  도덕적인 — 85
  도덕적인 의미에서의 — 84~85
  법률적인 — 88
  법률적인 의미에서의 — 82~83
  심리학적-인간학적인 의미에서의 — 84
  인간학적인 의미에서의 — 85
  자연적인 — 88
성숙Majorennität 86, 93
성숙한majorenn 83
성숙한mündig → 성숙한majorenn 83, 97
(인간의 도덕적) 성질Beschaffenheit (moralische des Menschen) 113
세습 노예Erbuntertan 94
소질Anlage
  기술적 — 130
  도덕적 — 130
  실용적 — 130
수단Mittel 121, 139
수완Klugheit 20~21, 102~109, 111, 114, 116~117, 119, 121~122, 124, 129, 133, 138~139
  —에 관한 가르침 104, 124
  —의 지침 126
  —의 충고 126
  사적 — 111, 121
  세속적 — 121
숙고(고려)Überlegung
  기술적 — 122~123, 141
  도덕적 — 141
  실용적 — 122~123, 141
스스로 생각하기Selbstdenken 33, 43, 85~86
스스로의 노력Selbstbemühung 85
스스로 책임지기Selbstverantwortung 88, 95
스스로 행(위)하기Selbsttun 85, 88, 91
시금석Probierstein 50, 52, 75~76
신Gott → (신적) 존재 110
신민臣民Untertan 93, 95~96
실용주의자Pragmatiker 108
실천Praxis 99~101, 110~111, 131
  —의 근본 형식들 99, 101, 116, 123, 126, 128
  —의 삼분법 99~133

[ㅇ]

아름다운schön 104

(사회적) 앙가주망Engagement(gesellschaftliches) 132

언어학Sprachlehre 120

여론조사Demoskopie 142, 144

역사Geschichte

— 과정 127~128, 131~132

—의 의미 127, 131

세계 시민적 관점에서의 — 51, 127, 129, 132

실용적 — 130

역사철학Geschichtsphilosophie 17~18, 105, 127~133

역학Mechanik 120

열려 있음Offenheit 49

영혼Seele 112

예의바름Fairneß 53

(외부로 드러나는) 예절Anständigkeit (äußere) 128

오류Irrtum 52, 60~63

내 자신의 — 65

밀폐된 — 64

부분적partialer— 55, 63, 77

부분적partikulärer — 55

순수한 — 62

총체적 — 54-77

오류(이)론Irrtumstheorie

람베르트의 — 60~62

마이어의 — 47, 63

볼프의 — 62

칸트의 — 19, 54~57, 64~78

토마스 아퀴나스의 — 58~59

오성/지성Verstand 49, 65~66, 68, 81, 88, 91

건강한 — 50, 68, 71, 91

일반 — 50

자신의 — 81

주관적인 — 76

(근원적) 오성 사용Verstandgebrauch (ursprünglicher) 76

완전성Vollkommenheit 102, 111

(정언적인) 요구Forderung(kategorische) 145

용기Mut 81, 88

유類Gattung 129

유의 성격Charakter der Gattung 129

유적 존재Gattungswesen 131~133

유한성Endlichkeit 49, 111
육체Leib 112~113
윤리(학)Ethik 22, 62, 113~114, 124, 132, 135~146
은인Wohltäter 95
의도Absicht → 목적 103~104, 107, 114, 121, 125, 138~139, 143
　가능적 — 125
　개연적 — 125
　실연적 — 125
　종의 — 130, 133
　현실적 의도 — 124
(모든 의도들의) 의도Absicht aller Absichten 121
의무Pflicht
　논리적 — 72, 74
　도덕적 — 72, 74
의문문Frage 120
의식Bewußtsein 66
　올바른 — 78
의욕Wollen 122
의지Wille 123, 139
　선한 — 109
(자유) 의지 Willkür(freie) 101

의지에 대한 강요Nötigung des Willens 126
의학Medizin 90, 114
이성Vernunft 46~49, 53~54, 65, 120, 130
　공감을 나누는 — 68
　공통의 — 53
　다른 사람의 — 48~49, 71
　독자적으로 생각하는 — 68
　보편적 — 47, 49
　부분적인 — 47
　사적 — 46
　신적 — 47
　유한한 — 49
　절대적 — 47
　타인의 — 51, 89
(추상적) 이성 주체Venunftsubjekt(abstraktes) 53
이율배반론Antinomienlehre 19, 72
이익Vorteil 121
인간Mensch → 개인/개체, (인간의 도덕적) 성질, 유적 존재, 인간의 본성, 인간의 사명, 인간의 인식 능력, 인간학, 인격체, (인간 내면 안에서의) 혁명

인간 권리Menschenrecht 95

인간성Menschheit 130

인간에 관한 지식Menschenkenntnis →
　인간학 106

인간 오성Menschenverstand
　건강한 ― 50
　공동의 ― 76
　보편적 ― 46, 76

인간의 본성Natur des Menschen 112~113, 125, 130
　도덕적인 ― 112
　자연적인 ― 112

인간의 사명Bestimmung des Menschen
　개체로서의 ― 130
　사적인 ― 130, 133
　유적 존재로서의 ― 130

인간의 인식 능력Erkenntnisbefähigung des Menschen 67

인간 이성Menschenvernunft
　공동의 인간 이성 46~47
　단지 인간 이성이라고 하는 것 48
　보편적 인간 이성 47, 49
　인간 이성 일반 46~47
　전체 인간 이성 46

인간 탐구/인간지Menschenkunde →
　인간학 51~52, 102, 138

인간학Anthropologie 111~117, 132, 138
　(기초 학문으로서의) ― 117
　도덕적 ― 112~113
　생리학적 ― 132
　실용적 ― 20, 114, 116, 129~131
　의학적 ― 113
　자연적 ― 112
　철학적 ― 104, 112
　학적인 ― 107

인간학 비판Anthropologiekritik 133

(칸트의) 인간학 유고Anthropologienachlaß(Kants) 84

인격성Personalität 139, 142

인격체Person 131, 139

인류Menschengattung → 유 129~130

인식 관심Erkenntnisinteresse 72

일Geschäfte 85, 88

입법Gesetzgebung 94

〔ㅈ〕

자기중심주의자Egoist → 다원주의자 67~68

찾아보기 **173**

자만Eigendünkel 67
자만심Eitelkeit 67
자연 필연성Naturnotwendigkeit 125
자유Freiheit 42, 94
(칸트의) 전기Biographie(Kants) 23~39
전문가Experte 90, 141, 143, 145
전제주의/전제정치Despotismus 93, 96
   은밀한 ― 96
   적나라한 ― 96
정의Gerechtigkeit 93
정치Politik 21~22, 131, 135~146
조건Bedingung
   개연적인 ― 120
   사적 ― 73
   실연적인 ― 120
조치Maßnahme
   기술적 ― 108, 141
   실용적 ― 108, 141
존재/존재자Wesen
   신적(인) 존재 106
   유한한 존재 111
   이성적 존재자 125
종합Synthesis → 판단 45
준칙Maxime 43, 101

넓은 사고방식의 ― 74
   도덕적 ― 105~106
   마음을 여는 ― 72
   스스로 생각하기의 ― 86
   실용적 ― 106
   조심성의 ― 69
(칸트의) 중재하려는 성향Vermittlungs-
   tendenz(Kants) 19
지각Empfindung 66
지리학Geographie
   도덕 ― 53
   자연 ― 54
지식Kenntnis
   도덕적 ― 116, 130
   실용적 ― 116, 130
   실천적 ― 104
   학교에서 배우는 ― 116, 130
지식욕Wißbegierde 68
지평Horizont 130, 133
지혜Weisheit 20, 34, 102, 104~106,
   114, 117, 119, 122
진리Wahrheit 39, 49~50, 53~54, 56,
   58, 60, 67~75
   부분적 ― 55

진리를 향한 사랑Wahrheitsliebe 72, 74

[ㅊ]

철학Philosophie
  도덕적인 ― 121
  라이프니츠의 실천― 110~111
  실용적인 ― 121
  실천― 19~20, 22, 99~100, 114~118, 121, 127, 133
  이론― 19, 101

[ㅋ]

쾌락Genuß 108

[ㅌ]

타자/다른 사람/상대편/타인Andere, der 22, 29, 38, 48~49, 51, 62, 65, 67~68, 70~74, 81, 85, 89~90, 92~94, 104, 121, 138~140, 142

통치 형태Regierung
  자연적 ― 93, 95

[ㅍ]

판단Urteil 46, 51, 54, 65, 72, 77~78
  도덕적 ― 111
  배타적 ― 67
  보편적 ― 54, 68
  분석 ― 123
  사적 ― 51, 66
  역사적(경험적) ― 57
  이성적 ― 57
  자신의 ― 68
  종합 ― 123

판단력Urteilskraft 108

편견Vorurteil 43, 47~48, 59, 73, 88

(논리적) 표본Probe(logische) 50

(실천적) 필연성Notwendigkeit(praktische) 125

[ㅎ]

학교Schule 102

학문Wissenschaft → 행위의 지침
  실용적인 ― 130
  실천적인 ― 119~120

학문 이론Wissenschaftstheorie 17

(상위의) 학부들Fakultäten(obere) 90

학식Gelehrsamkeit 47

행복Glück 92~96, 108, 110~ 111, 122,

138, 144

행복Glückseligkeit 94~96, 105~107, 110, 121, 125

꿈꾸(고 있는) 것으로서의 — 51, 65

창조물의 — 111

행복Wohlsein 94, 107

행위Verhalten

  도덕적 — 106

  실용적 — 106

행위(함)Handeln → 실천, 행위의 성질

  —의 근본 형식들 20, 101~109, 137~140

  —의 삼분법(세 종류의 구분) 20, 101~109, 112, 116, 118~126, 137~140

  기술적 — 104~105, 109, 114~120

  기술 지배적 — 137

  도덕적 — 21, 106, 109~110, 140~141

  실용적 — 104~105, 108, 137~138, 140~141, 144

  윤리적 — 136, 139

  정치적 — 136~137, 140~142, 145

행위 방식Verfahren

  기술적 — 118

  도덕적 — 118

  실용적 — 118

행위의 성질Qualifikation des Handelns → 기량, 도덕성, 수완, 지혜

  기술적 — 106, 109, 114~115, 119, 120

  도덕적 — 109, 114~115, 119, 129

  실용적 — 106, 109, 114~115, 119, 129

행위의 원리Prinzip des Handelns

  개연적-실천적인 — 124

  개연적 — 124

  기술공학적 — 109

  도덕적 — 109

  실연적 — 124~125

  실연적-실천적인 — 124

  전략적 — 109

  전술적 — 109

  테크노크라시적 — 109

  필연적 — 124

  필연적-실천적인 — 124

행위의 원칙Grundsatz des Handelns → 행위의 원리

행위의 지침Handlungsanweisung → 명법

　가언적 — 140

　가치 중립적 — 125

　역사철학의 — 132

　학문의 — 125

（인간 내면 안에서의）혁명Revolution im Innern des Menschen　81, 85. 97

형이상학Metaphysik　105, 117

　도덕 — 107

호의Wohlwollen　95

（총체적）회의Skepsis(totale)　67

（극단적）회의론자Skeptiker(radikaler)67

후견Vormundschaft

　학자들의 — 91

훌륭한 행위Wohlverhalten　106

[사항 찾아보기 - 라틴어/프랑스어]

[ㄱ]

가부장적 통치권imperium paternale 95

감각sensus 59

거짓/오류falsitas 58

  부분적 — 63

  총체적 — 57, 63

거짓된 것/틀린 것/거짓falsum 58~59

결성privatio 58

경건함pietas 110

경험 심리학psychologia empirica 84

공동 소유자condominus 48

관심 자체intérêt propre 111

궤변적sophisticus 71

궤변적인 조소cavillatio sophistica 71

기술ars 116

[ㄴ]

나쁨/악malitia 58

나쁜 것/악malum 58, 120

노예mancipium 87

논쟁함과 가르침의 온당한 방법methodus disputandi et docendi 70

[ㄷ]

단순한 그 무엇임quidditas simplex 59

덕virtus 110

도덕성moralitas 116
도덕적moralis 122

[ㅁ]

만족감voluptas 110
명법imperativus 119~120
  가언적 — 122
  실용적 — 122
목적finis
  가능한 — 122
  궁극 — 110
  실제적 — 122
미성년minorennitas 84
미성년의minorennis 84

[ㅂ]

보편적 정의iustitia universalis 110
본성적으로 알려진 제일 원리들principia prima naturaliter nota 58
부권 해제emancipatio 84
부적절한 조소iniuria 71

[ㅅ]

선bonum 109-110, 120

공공의 — 110
기분 좋은 — 109
우리의 — 110
유용한 — 109
존귀한 — 109
선성bonitas 109~110
  가언적 — 109
  개연적 — 109~110
  기술적 — 109
  도덕적 — 109
  실용적 — 109~110
  절대적 — 109
  정언적 — 109
  조건적 — 109
성년maiorennitas 84
성인의maiorennis 84
수완prudentia 116, 122
실천적인 학문disciplina practica 120
실천적인 학문scientia practica 116

[ㅇ]

양식bon sens 49
어린이infans 84
엄밀한 의미에서 지각될 수 있는 것

sensibile proprium　59

오류error　70

　부분적 ―　77

　순수한 ―　62

오성/이성intellectus　59, 78, 84

　인간 ―　70

오성의 사용usus intellectus　84

이성raison　50

이성ratio

　공동의 인간 ―　47

　보편적 인간 ―　47

인간homo　58, 87

인간학anthropologia

　도덕적 ―　113

　자연적 ―　112

　의학적 ―　113

〔ㅈ〕

제일 실천철학philosophia practica
　prima　120

존재ens

　완전한 ―　58

　특수한 ―　58

종species　130

진리veritas　58, 70, 78

　부분적 ―　63

〔ㅊ〕

참된 것verum　58, 60

　불완전하게 ―　58

천박한 다툼rixa cyclopica　71

〔ㅍ〕

판단iudicium　78

　총체적으로 오류인 ―　77~78

평가aestimatio　111

필연성necessitas actionis

　개연적 ―　122

　도덕적 ―　122

　수완의 ―　122

　정언적 ―　122

　제약된 ―　122

　행위의 ―　122

〔ㅎ〕

하느님의 영광gloria Dei　110

한정된 관점point de vue limité　111

행복felicitas　110

[인명 찾아보기]* 관련 문헌이 소개된 쪽수는 이탤릭체로 표시하였다

[ㄱ]

겔러Johann Samuel Traugott Gehler 66
겔트제쩌Lutz Geldsetzer 63, 83
니체Friedrich Nietzsche 53
니콜라이Christoph Friedrich Nicolai 27, 44, 77

[ㄷ]

다르에스Joachim Georg Darjes 60
데카르트René Descartes 49
도나-분틀라켄 백작Heinrich Dohna-Wundlacken Graf zu 86
라이츠Johann Heinrich Reitz 87

라이케Rudolph Reicke 14, 35~36
라이프니츠Gottfried Wilhelm v. Leibniz 20, 52, 110~111
라인홀트Karl Leonhard Reinhold 108
람베르트Johann Heinrich Lambert 42~43, 46, 49~50, 60~61, 63~64, 120
레카르트Gotthilf Christian Reccard 28
레만Gerhard Lehmann 30, 33, 55, 105~106, 118
레싱Gotthold Ephraim Lessing 51
롬바흐Heinrich Rombach 115
루소Jean-Jacques Rousseau 42
루터Martin Luther 87

찾아보기 181

리터Joachim Ritter 132

린덴Mareta Linden *114*

린트너Johann Gotthelf Lindner 36

링크Friedrich Theodor Rink *30*, 54

[ㅁ]

마르크바르트Odo Marquard *132~133*

마이스너Heinrich Adam Meißner *62~63*, 83

마이어Georg Friedrich Meier *46~47*, 57, 59, *63~64*

마틴Gottfried Martin *97*, *100*

마틴Hans Adolf Martin *97*, *100*

말터Rudolf Malter *28*

맑스Karl Marx *71*, *77~78*

메디쿠스Fritz Medicus 77

멘델스존Moses Mendelssohn *43~44*, 59

멘쩌Paul Menzer *51*, *118*

뮐러Gottfried Polycarp Müller 114

뮐러Max Müller 115

[ㅂ]

바아Egon Bahr 136

바우마이스터Friedrich Christian Baumeister *71*

바움가르텐Alexander Gottlieb Baumgarten *84*, *120*

바지안스키Ehregott Andreas Christoph Wasianski *29~30*

반노브스키Stephan Wannowski 35

발히Johann Georg Walch *112~113*

번스타인Eduard Bernstein *92*

베르크Johann Adam Bergk *51~52*, 102, *107*

베이컨Francis Bacon *28*

베케트Samuel Beckett 53

벡Jacob Sigismund Beck *76~77*

벤Gottfried Benn 53

벤첼Gottfried Immanuel Wenzel *77*

벨러스호프Dieter Wellershoff *53*

보로브스키Ludwig Ernst Borowski 27, *29*, 33~35, 37

보른Friedrich Gottlob Born *46~47*

볼프Christian Wolff 27, 47, *62*, 64, 71, *83*

뵈티거Karl Wilhelm Böttiger *36*

뵈티거Karl August Böttiger 36

뵐르너Johann Christoph v. Wöllner 43

부카린Nikolai Iwanowitsch Bucharin 146

부헤나우Artur Buchenau 30

뷔르거Gottfried August Bürger 35

뷔히만Georg Büchmann 69

브루커Johann Jacob Brucker 112

브룬너Otto Brunner 47

비스터Johann Erich Biester 43

[ㅅ]

소크라테스Sokrates 44, 106~107

솔제니친Alexander Solschenizyn 146

쇤되르퍼Otto Schöndörffer 14, 32, 44

슈나이더스Werner Schneiders 82, 85

슈라프Otto Schlapp 52

슈타르케Friedrich Christian Starke → 베르크

슈타펜하겐Kurt Stavenhagen 14, 32

슈투케Horst Stuke 47

슈페만Robert Spaemann 83

슐레겔August Wilhelm Schlegel 75

[ㅇ]

아당Charles Adam 50

아도르노Theodor W. Adorno 135

아디케스Erich Adickes 52, 72, 116~117, 130

아르놀트Emil Arnoldt 14, 32, 44

아른트Hans Werner Arndt 49, 62, 83, 120

아리스토텔레스Aristoteles 20, 58~59, 61

아쿠아비바Claudio Aquaviva 69

아티아스Joseph Athias 87

알브레히트Michael Albrecht 48, 82

알트만Alexander Altmann 59

야코비Maria Charlotte Jacobi 36

야코비Klaus Jacobi 110~111

야흐만Reinhold Bernhard Jachmann 29~30, 34, 42

에르트만Benno Erdmann 21, 42~43, 51~52, 129

에버하르트Johann August Eberhard 44, 52

에콜Jean École 62, 83

엘스터Ernst Elster 31

엥겔스Friedrich Engels 71

오폴처Siegfried Oppolzer 83

울렌베르크Caspar Ulenberg 87

유베날리스Juvenal 35

찾아보기 183

[ㅊ]

체들리츠 남작Karl Abraham, Freiherr v. Zedlitz 26

췰르너Johann Friedrich Zöllner 82

치제머Walther Ziesemer 36

[ㅋ]

카뮈Albert Camus 53

카이젤링 백작 부인Caroline Charlotte Amalie, Reichsgräfin v. Keyserling 36

칼텐브룬너Gerd-Klaus Kaltenbrunner 83

캄페Joachim Heinrich Campe 44

카이사르Cäsar 106

코발레브스키Arnold Kowalewski 14, 86, 103

코발레브스키Elisabeth-Maria Kowalewski 86

코젤렉Reinhart Koselleck 47

코헨Hermann Cohen 7

콘체Werner Conze 47

쿠르케Walter Kuhrke 42

크라우스Christian Jacob Kraus 36

크랄만Dieter Krallmann 97, 100

크룩Wilhelm Traugott Krug 83

키케로Cicero 109

[ㅌ]

태너리Paul Tannery 50

토넬리Giorgio Tonelli 11~12, 105

토마스 아퀴나스Thomas von Aquin 58~59, 61, 109

[ㅍ]

파울젠Friedrich Paulsen 21

파이힝어Hans Vaihinger 19~20

페더Johann Georg Heinrich Feder 70~71, 73

페투르니히Anna Peturnig 146

펠러Klaus Pähler 24

펠리페 4세Philipp IV., König von Spanien 89~90

펠트켈러Paul Feldkeller 32

포어랜더Karl Vorländer 28

필리츠Karl Heinrich Ludwig Pölitz 103

푸리에François-Marie-Charles Fourier 92

프롬Emil Fromm 43~44

프리드리히 대왕Friedrich II., der Große, König von Preußen 43, 86

프리드리히 빌헬름 II세Friedrich Wilhelm II., König von Preußen 43

푸트리히Christian Friedrich Puttlich 52

피셔Kuno Fischer 32

피스카토어Johann Piscator 87

피퍼Josef Pieper 59

피히테Johann Gottlieb Fichte 77

호프만Winfried Hofmann 69

홀레Hermann Heinrich Holle 87

힌스케Norbert Hinske 13, 21, 48, 82, 87, 105~106, 115

힙펠Theodor Gottlieb v. Hippel 106

[ㅎ]

하만Johann Georg Hamann 36, 38

하쎄Johann Gottfried Hasse 30~31

하우프트Gunther Haupt 69

하이네Heinrich Heine 31, 37

하이네캄프Albert Heinekamp 110

할러Albrecht v. Haller 35

헤겔Georg Wilhelm Friedrich Hegel 71

헤르더Johann Gottfried Herder 46, 74

헤르쯔Markus Herz 27~28, 39, 74, 116

헤밍웨이Ernest Hemingway 53

헨닝스Justus Christian Hennings 113

헬러Josef Heller 33

헹켈Arthur Henkel 36

호라티우스Horaz 35

호르크하이머Max Horkheimer 135